滇版精品出版工程专项资金资助项目

深山走出脱贫路

普米族

云南人口较少民族脱贫发展之路

普米 腾飞获新生

丛书主编：杨泠泠

本册编著：宋　磊

◎《深山走出脱贫路》编委会 编

YNK 云南科技出版社

·昆明·

图书在版编目（CIP）数据

　　普米腾飞获新生／《深山走出脱贫路》编委会编
. －－ 昆明：云南科技出版社，2025
　　（深山走出脱贫路：云南人口较少民族脱贫发展之
路）
　　ISBN 978 － 7 － 5587 － 4847 － 9

　　Ⅰ．①普… Ⅱ．①深… Ⅲ．①普米族 － 扶贫 － 研究 －
云南 Ⅳ．①F127.74

　　中国国家版本馆 CIP 数据核字（2023）第 085301 号

普米腾飞获新生
PUMI TENGFEI HUO XINSHENG

《深山走出脱贫路》编委会　编
丛书主编:杨泠泠
本册编著:宋　磊

出 版 人:温　翔
责任编辑:洪丽春　蒋朋美　曾　芃　张　朝
助理编辑:龚萌萌
封面设计:解冬冬
责任校对:秦永红
责任印制:蒋丽芬

书　　号:ISBN 978 － 7 － 5587 － 4847 － 9
印　　刷:昆明天泰彩印包装有限公司
开　　本:787mm×1092mm　1/16
印　　张:9
字　　数:208 千字
版　　次:2025 年 2 月第 1 版
印　　次:2025 年 2 月第 1 次印刷
定　　价:68.00 元

出版发行:云南科技出版社
地　　址:昆明市环城西路 609 号
电　　话:0871 － 64114090

前言

　　普米族由于客观生存条件和历史等原因，长期处于发展落后的状态。在中国共产党的领导下，中国的脱贫攻坚战攻克了历史性贫困，成为人类减贫事业的奇迹和典范。本书是一本专门研究云南普米族脱贫攻坚情况的著作，从宏观和微观的角度展现了历史性的社会变革和国家大政方针的正确指导，同时，又从个案中体现中国共产党人不忘初心、鞠躬尽瘁为人民服务，以及人民群众不畏艰险、团结战贫的精神。

　　作为《深山走出脱贫路——云南人口较少民族脱贫发展之路》系列丛书中的普米族篇，本书讲述了普米族这个人口较少民族在党和国家的帮助下，打赢了脱贫攻坚战，获得了整族脱贫，实现跨越式发展的历史进程。本书以民族地区的发展个案为线索，呈现普米族在经济、社会、文化等各个方面的变迁，在党的政策领导和帮扶之下消除了贫困，实现跨越式发展的成功实践。

　　本书既有丰富生动的案例，又有学理分析，内容具有较强的现实意义、理论参考意义和流传价值，文笔生动，深入浅出，兼具理论性和趣味性，概括和提炼了中国共产

01

党结合云南"直过民族"的实际情况，其中科学精准扶贫的成功经验更是值得总结和借鉴。

普米族是一个具有悠久历史的民族，在长期迁徙历程中，曾一度走向衰败，濒临灭绝，但如今却仍以坚忍的性格和不屈的精神，屹立于世界民族之林。中华人民共和国成立后，特别是经过民族识别确定为普米族后，普米族人民的政治地位不断提高，经济得到发展，民族干部、专业人才队伍从无到有，教育、科技、文化、卫生等各项社会事业方兴未艾。

党的十一届三中全会以来，在中央、省、州（市）、县的关心关怀及扶持下，特别是三峡集团帮扶普米族精准脱贫攻坚项目的实施，普米族整族发生了历史性巨变，特色产业蓬勃发展，经济效益得到较大提高，通村达户硬化道路、村组活动室、垃圾处理池、卫生公厕等基础设施得到极大改善。普米族人民住上了宽敞明亮的安居房，喝上了安全洁净的饮用水，过上了幸福美满的新生活，充分感受到了祖国大家庭的温暖。

目　录

深山走出脱贫路

云南人口较少民族脱贫发展之路

游牧深山：
普米族简介

根据《中国统计年鉴（2021）》统计，中国普米族的人口数为 45012 人，是全国 28 个人口较少民族之一。除云南外，还在其他 30 个省、自治区、直辖市有分布。普米族主要分布在云南省西北部高原的兰坪白族普米族自治县和宁蒗彝族自治县，少数分布于丽江市玉龙纳西族自治县、永胜县，迪庆藏族自治州的维西傈僳族自治县、香格里拉市，临沧市的云县以及四川凉山彝族自治州的盐源县、木里藏族自治县，甘孜藏族自治州的九龙县等地，与当地其他民族杂居。其中，滇西北普米族人口占全国普米族总人口的 97.99%。

普米族族称

普米族为西北青藏高原氐羌族群南下支系的后裔，古称"西番"。西番包含有多个族源和语言相近的族种，涉及地域广阔，普米族为西番的一个支系。作为后世西番主体的普米族，明清时在甘肃、青海、四川均有分布。云南境内，主要集中于滇西北丽江府属州、巨津州、维西县及永宁府（厅）、北胜州（水北府）等金沙江沿边各地（今云南兰坪、维西、宁蒗、玉龙、永胜等县）境内。四川境内，主要居于川西南建昌卫、越卫、宁番卫以及后来的冕宁、木里、盐源诸县。除"西番"的称谓外，还有"巴苴""西蕃"（"番""蕃"二字同音异写）等他称，"普米"为自称。甘肃、青海、四川地区的西番族，据其宗教文化特点于 1953 年划入藏族。滇西北的西番族，则于 1960 年被确定为普米族。

普米一词是普米语音译，本义为"白人"，是民族自称。各地普米族还有不同的自称，如兰坪、丽江、永胜的普米族自称"普英米"；宁蒗的普米族自称"普日米"或"培米"，"米"在普米语中的意思是人，"培""普英""普日"等是一音之转，都是"白"的意思，所以，普米的意思就是"白人"。普米族自称"白人"，与其自古崇尚白色、以白色象征吉祥有关。

其他民族对普米族则有不同的称呼，如藏族和纳西族称其为"巴"或"博"，彝族称其为"窝珠"，傈僳族称其为"流流帕"。汉文历史文献上称其为"巴苴"或"西番"。在普米族的他称中，"西番"一词在晋代已经出现。晋初张华《博物志》卷三《异兽》中载，蜀中南高山上，有猕猴，长七尺，能人行健走……西番部落辄畏之。可知在蜀郡附近当时已有西番部落族群在活动。唐代以来，西番一名亦用于称吐蕃，或说是吐蕃系西番的别称。宋代《文献通考》中，"西番"与"吐蕃"则分别记载。文献记载中的西番，包括了几个族源、语言均相近的自称族群，普米族仅是其中人数较多的一支。其所包括的成分除普米族之外，还包括藏族的一部分。

1960 年 10 月，国务院根据本民族人民的意愿，正式将其定名为普米族。

普米族变迁历史

"吉吾布直懂，普米冉贡祖"是普米人至今都家喻户晓的一句普米古语，表明了普米族的来处。"吉吾布直懂"意为"雪水汇集之所"，即普米族来自有雪山的地方，来自雪山融水汇集之地。据考证和相关记载，这个地方作为普米形成的地理源头，或位于青海境内巴颜喀拉山下的长江、黄河源头，抑或川西贡嘎岭山下的雪水融水汇集处。"普米冉贡祖"则译为"普米人是住在四座山上的四个兄弟"，表明了普米族的形成。

历史上，普米族是古代祁连山一带的羌人，是一个历史悠久的民族。很多史料都证明了普米族源自夏朝早期，有一支羌人经柴达木盆地进入巴颜喀拉山西北段的江河源头地区，在那里建立部落联盟，形成"槃木"共同体。约于先秦时代，"槃木"共同体之大部游牧迁徙至今川西北线，与自甘南南下而进入蜀西的"白狼羌"遗族结成更大的群体，即为史称的"白狼槃木"。汉代，"白狼槃木"已分布到滇西北境内。唐蕃冲突时期，金沙江、雅砻江中游的"槃木"随吐蕃势力推进到滇西北金沙江两岸。宋末，川西南"槃木"随忽必烈南征的兵吏首领到达丽江，普米族随即在此繁衍生息。

普米族具有悠久历史和古老文化。无论在古代、近代还是当代，他们百折不挠、自强不息、奋发向上，为国家的统一、民族的团结、社会的进步作出了重要的贡献。

　　远古时代，普米族先民居住于青藏高原甘肃、青海一带巴颜喀拉山周围地区，为寻找更适宜生存的乐土，他们从高寒地带沿着金沙江、雅砻江之间的谷地，逐渐向南迁徙到温暖低湿的川、滇边境地区，逐水草丰茂的地方而居，曾在四川西大渡河两岸及雅砻江流域形成号称"百余国，户百三十万，人口六百万以上"的"白狼槃木"等氏族部落联盟。普米族的历史是在寻找适应自己生存发展道路的过程中不断迁徙的历史。

　　由青海玉树、果洛迁入四川甘孜、阿坝和凉山，是普米族历史上的第一次大迁徙。这次迁移，为"总沙丰阿贡"部落兄弟留下了辽阔的草原，为迁移的三个"槃木"部落拓展了生存空间，促成了"槃木"和"布朗米"的大融合，促进了一部分"槃木"从游牧向定居农耕的转变。由四个部落结成的"槃木"族体在江河之源地区过着游牧生活，这里西邻吐蕃，东南紧接川西"布朗米"。在春秋时期，"槃木"的人口迅速增长，生产力有较快的发展，这一增长和发展与河源草场的承受力产生了矛盾。为了缓解这一矛盾，四个部落中除"总沙丰阿贡"部落外，其余三个部落陆续向南游牧迁移，进入川西"布朗米"的区域，与"布朗米"融合，结成后来被称为"西番"的大族体，南迁至川西的"槃木"，分布在西起巴塘理塘，东至贡嘎山一线及其南北的辽阔地区，少数则迁至木里盐源等地。

　　普米族的第二次大迁移，在清代《皇清职贡图》上有简单的记载："西番，本滇西北徼外夷，又名巴苴，流入永北、丽江二府，居深山聚族而处。"在公元6世纪，吐蕃社会生产力有了很大的发展，各个小部落先后进入奴隶社会。雅鲁藏布江之南林立的蕃部纷纷进贡中原隋王朝，雅悉野补部吞并了诸小国。论赞索弄和他的儿子松赞干布随后统一全藏。松赞干布时代，大力加强政权机构，制定法律，创制藏历和计量制，迎娶唐文成公主，内政外交都很成功，国力强盛一时。唐太宗和松赞干布死后，唐蕃之间友好交往与争夺利益交织并存，禄东赞统治时期，唐国力渐衰，唐蕃之间和局破裂。吐蕃从几条战线向唐出击，在攻灭吐谷浑的同时，兼并了唐剑南道诸州，川西"生羌十二州"为吐蕃所据有，其中包括"西番"所在的广大地区。从唐初至唐中叶，吐蕃向滇西北地区推进，曾属于吐蕃的"西番"人，由于历史上与吐蕃的同源近邻关系和现实中的杂居交融，文化经济与吐蕃十分密切。因此，居住在巴塘理塘至康定一线及其南北地区的一部分"西番"人，随同吐蕃势力向南推进，到达金沙江南北两岸的宁蒗、永胜和丽江等地。这次大迁移，导致"西番"大分散局面的初步形成，使原本一体的"布朗拍米"

语言文化因空间距离过长而逐渐产生了如今的差异，但同时也极大地提高了普米族在多民族杂居局面中的适应能力。

普米族第三次大迁徙约在公元 13 世纪中叶，居住在甘孜州中部、凉山州南部、滇西北金沙江两岸的部分"西番"人，或因游牧、或因战争、或因避乱陆续向南迁移，其中行进最远者已到达兰州（今兰坪县）境内，并在此开发定居，繁衍生息。普米族游牧户进入兰坪县境内，为第三次大迁徙结束的标志。兰坪由此成为旧"西番"分布区域的南端。

 ## 普米族经济社会发展历史

马克思说，我们首先应当确定一切人类生存的第一个前提，也就是一切历史的第一个前提，这个前提是：人们为了能够"创造历史"必须能够生活。但是为了生活，首先就需要吃穿住行以及其他一些东西。因此，第一个历史活动就是生产满足这些需要的资料，即生产物质生活本身。在人类社会发展的历史进程中，受各种因素的制约，普米族的社会经济发展比较缓慢。

在原始社会时期，普米族先民以狩猎、捕捞和采集为主要的生产方式，原始公社的成员共同参与劳动，平均分配食物，社会内部"无君长"，地位平等。各氏族过着居无定所的生活，生产力水平十分低下。直到近代，原始的平均分配遗风还有痕迹，如撵山打猎、新酒开封，都是见者有份。父系公社时期已形成畜牧业和农业的分工，但属于单一的自然经济。这个时期，普米族都处在游牧时代。在中原地区进入封建社会很长时间后，普米族社会内部仍然是共同生产、平均分配消费品的原始社会。直到出现了农耕生产，蓄奴的现象和封建的小农经济才一同出现。

在整个封建社会时期，普米族的社会经济是以户为单位的自给自足的自然经济。这个时期，畜牧业、农业、养蚕业、丝织业、盐业等有了一定程度的发展，生产工具有了进步，这些条件提高了生产力的发展水平。公元 13 世纪进入兰坪的普米族，由于传统观念和客观原因，主要进行畜牧业生产。后来其开发土地，定居农耕，农业和畜牧业兼营。在此期间，原始的生产结构逐渐解体，以家庭为主的农业畜牧业型的自然经济诞生，在主营农业畜牧业的同时，还结合山地特点，自给自足，进行林业、药材、家庭手工业等项目的生产。但是这一时期的封建

剥削日益严重。木氏土司和兰州土司在普米族地区委任大、小伙头。大、小伙头替土司收取赋税和征派差役，各种名目的门摊户派逐渐加在普米族人民头上，农民的负担开始加重，人们苦不堪言。

民国末期，普米族地区土地占有量开始出现向少数地主手里集中的倾向。河西乡箐花村杨献廷一户，占有半山区旱地及河谷水田 800 亩[1]；水俸村一个普米大户占有丰江高寒坝区旱地 300 亩，用对半分成或以亩定租的方式出租给普米族和白族佃户耕种。在此期间，普米族贫农户均占有土地仅为 5 亩。农牧产品的 30% 左右，被官府头人以各种名目征取，遇有天灾之年，农民以举债、典当出卖土地度日。

中华人民共和国成立后，普米族结束了封建制度，跨入了社会主义社会，广大贫苦农民获得了新生，通过清匪反霸、土地改革斗争，普米族同其他民族在中国共产党领导下参加社会主义建设。生活在兰坪县境内雪盘山区弩弓、挂登、箐头、联合等地的普米族人民群众以极大的热情投入社会主义经济建设中。

普米族群众认为，普米族自古就是重视畜牧业的民族，普米族居住的地区自然条件也不适宜于以粮为主，应该实事求是、因地制宜，大力发展畜牧业，便向上级反映了这个要求。

兰坪县委根据雪盘山宜牧不宜农的实际情况，从河西、通甸、啦井 3 个公社划出胜兴、联合、胜利、东明、弩弓和挂登 6 个生产大队，成立了安乐公社，治所在今弩弓甸心村。

安乐公社把这些普米族聚居地区的生产定位在大力发展林业、畜牧业和中药材种植上。建社之后，当地的畜牧业发展很快，规模不断扩大，毁林开荒的势头得到有效遏制，森林得到了保护，中药材种植在全县名列前茅，挂登大队生产的巨型麻株曾运往昆明展览，并送到北京国家农业展览馆展出。

6

在党和政府的关心帮助下，这个时期，普米族的生产力有了巨大的发展，生产工具得到改进，土地的管理使用、生产条件得到改善，农事活动的安排、劳动力的分工都比较合理，极大地调动了当地普米族群众的积极性，提高了他们的生活水平。

到了 20 世纪 60 年代初，由于遭受连续 3 年的自然灾害，再加上缺乏养殖

---

[1] 亩：土地面积单位（非法定），1 亩 ≈ 666.67 平方米，全书特此说明。

经验和科技力量，畜牧业生产严重受挫，安乐公社于1963年在调整工作中被撤销，各生产大队归属原建制。虽然这样，安乐公社的建立，在当时，仍不失为一种解放和发展生产力的有益探索。

经过1952年的土地改革和1956年的民主改革，普米族地区完成了土地集体所有制改革。这些改革释放了普米族人民的生产热情，他们积极兴修水利，进行农田基本建设，促进了农业生产的发展，极大地改变了普米族山区贫困落后的面貌。他们在农闲季节，组成马帮，奔波于各地的集镇，从事贸易活动。

党的十一届三中全会以后，特别是自治县成立以来，在改革开放的大好形势下，普米族人民积极进取、勤劳奋斗，很快便融入时代的大潮中。当地经济有了显著的发展，人民生活有了根本的改善。普米人发扬敢闯敢干、积极进取的精神，充分发挥善于经营的才能。个体户、小商贩、工商业主、私营企业家、国有企业的厂长经理等不断涌现，成为地方经济发展和群众脱贫致富的带头人。

 种植业

普米族主要从事农业，90%以上的耕地是山地，水田很少，基本上处于自给自足的自然经济状态。其生产技术大致与邻近汉族、纳西族、傈僳族相仿，已普遍进入犁耕阶段，只有极少数地区还遗留着刀耕火种的耕作方式。

生产中普遍使用犁、锄、斧、刀、钉耙、镰等铁质工具，主要由汉族聚居地区运入。

农作物主要有玉米、小麦、蚕豆、大麦、燕麦、青稞、荞麦等，由于农作物的生长在很大程度上依靠自然，所以产量很低。"春撒一片坡，秋收一箩筐"，就是这种落后状况的写照。

普米族对土地的利用和管理方式主要分轮作和间种两种，轮作是在同一块地里不断更换作物品种，以充分利用并调节地力；间种又叫套种，是在同一块地里每年多种一季和几季作物，以提高土地利用率。其注重使用肥料，常用的肥料有绿肥、厩肥、草灰肥等。普米族的农业劳动以个体家庭为单位，男女老少有性别年龄的自然分工。农忙季节，群众中有原始换工的习俗，互助互利，不计报酬。

在土地制度方面，中华人民共和国成立前，兰坪、丽江等地的普米族已处于地主经济发展阶段，宁蒗等地的普米族处于封建领主制经济阶段。各地普米族的经济发展不平衡，绝大部分土地被土司和地主占有。在兰坪等地，地主和富农

占有四分之三左右的耕地。如兰坪县第三区的羊山村，34 户人家中，地主 3 户，平均每户占地 150 亩，共占全村近半数的土地；而 18 户贫雇农只占有很少的一部分土地或根本没有土地。在宁蒗一带，明朝设置永宁土知府，是纳西族土司统治的地区，有比较浓厚的领主经济残余。普米族人民除受本民族地主的剥削压迫外，还要向纳西族的世袭地主和总管承担各种劳役，缴纳名目繁多的苛捐杂税。由于阶级分化，耕地典当和买卖的情况很普遍，特别是河谷地带的普米族地主向外族农民购买水田的情况较为明显。

 ## 养殖业

普米族原来就是游牧民族，擅长饲养和放牧，因此，畜牧业在普米族的生产生活中占有重要的地位。畜牧业主要饲养牛、马、骡、羊、猪、鸡、狗等。牛有黄牛和水牛两种，黄牛既供役使也兼食用和祭祀用，水牛则仅供耕地。马、骡等供骑用和驮运货物。牛、羊除食用外，还用于祭祀。

采集和狩猎也是普米族社会经济生活的组成部分。采集火草，是一项古老的传统活动，是为人们制作衣料采集原料，每年纺麻时节，各家各户都要派人上山采集一至数月。狩猎则组织三五人集体活动，多在农闲时进行。中华人民共和国成立前，在土司头人的管制下，出猎要缴纳山税。各村寨有严格的山界，不能任意逾越。猎获物中的兽头、前腿或豹皮、麝香等上品必须奉献土司头人，其余由狩猎者平分。

从现存的《牧场调》里可窥见放牧生活在普米人生活中的重要地位。

《牧场调》

上牧场的放牧人，
在高山草坝上搭牧棚，
老人烤火暖又暖，
摇着竹棍赶牛羊，
放牧小孩很听话。
带着黄酒上牧场，
砍来青竹捆扫帚，
青竹扫帚最好用。

放牧的地方，

绵羊满山坡，

黄牛满草坝，

马群奔腾在草场，

牦牛满竹林，

放牧人唱着牧歌。

看着满山的青草，

茂密的竹林，

放牧老人乐呵呵。

如今，牧歌依然还在传唱。

这里是怒江、澜沧江、金沙江"三江并流"世界自然遗产的核心区，拥有山坡草场、草甸200多万亩，有着发展畜牧业得天独厚的条件。在兰坪县境内的普米族山寨，由特殊的地理环境和独特的气候培育出一个独有的畜类品种——乌骨羊。乌骨羊因其骨头和肌肉呈乌黑色而得名。它是在中国发现并确定为除乌骨鸡以外的第二种具有可遗传性乌质性状的动物，在世界上也是独一无二的，是国家地理标志证明商标产品。在兰坪白族普米族自治县境内，也只有普米族居住的通甸镇弩弓、水俸、龙塘3个村有乌骨羊分布繁殖，这里是乌骨羊的原产地。

兰坪乌骨羊的毛色有白色、棕色、黑白花色、黑色等，乌骨羊与普通羊的区分主要看是否带有乌质性状特征，不看毛色。它的眼睛、口腔、牙龈和舌头也都是浅乌色。乌骨羊分山羊和绵羊，原产地的普米族群众长期把乌骨羊称为"黑骨羊"，2006年国家正式将其名称定为"兰坪乌骨绵羊"。

据测定，乌骨羊的肉中黑色素物质含量是普通羊肉的16倍，而黑色素已被证实具有消除体内自由基、抗氧化、降血脂、抗肿瘤、美容和益气补肾的作用，乌骨羊与其他羊种的主要区别在于它有独一无二的极高的药用和保健价值。由于数量稀少且药用和保健价值极高而被公认为中国最珍贵的畜禽遗传资源，被列入《中国珍稀动物名录》《世界珍稀动物名录》《国家级畜禽遗传资源品种名录》，足见该品种资源的稀有与珍贵。

 手工业

普米族的手工业主要是对农副产品的加工，有纺织、皮革、铁器制造、酿酒、榨油、竹器编织等。宁蒗地区的木漆碗，制作精美，远近闻名。中华人民共和国成立前，没有本民族的铁工，只有木工制作简单的生产工具。纺织是用麻或绵羊毛、牦牛毛在木织机上自编自织。"苏理玛"酒是普米族特有的传统名酒。

关于普米族手工业的最早文字记录是在清余庆远《维西见闻录》中记载，巴苴，又名西番，亦无姓氏。元世祖取滇，渡自其宗，随从中流亡至此者，不知其为蒙古何部落人也。浪沧江内有之……颇能习辟纑、缝纫之工……随着时代的进步，普米族的手工业也不断发展，种类日益丰富，主要有纺织、酿酒、榨油、制糖、豆腐制作、木材加工以及砖瓦、裁缝、制革、蔬菜加工、编织篾器等。

纺织主要是制作麻布或毛布。心灵手巧的普米族妇女用绵羊毛、山羊毛或牦牛毛为主要的纺织原料，织出纹道细密，图案优美的毛布毯子、披风、腰带等。

普米族善于酿酒。凭借独特的工艺和配方，酿制的白酒、"苏理玛"酒（黄酒）及甜酒，口感独特，别有风味，深受人们的喜爱。

普米族民间用核桃仁、麻子、瓜子、菜籽、野生刺果等制成不同用途的油。还能用玉米、小麦制糖，供春节、婚礼等重大节日及喜庆活动之用，也有少数人家将制成的糖出售。

普米族一般人家都能自制木犁架、木锄、木耙等生产工具及木盒、木桶、木瓢、木箱等生活用具，能修造木楞房及结构较复杂的屋架等。

在分工上，纺织、酿酒、榨油、煮糖、裁缝等，多由女子负责。木材加工、金属铸造、砖瓦生产、房屋建筑、编织篾器等，多由男子负责。

 商业

普米族多住山区，交通不发达，没有形成定期的集市，很少有商品交换活动，一般是外地商人带着日常生活用品进入山区，走村串寨，挨家挨户地开展交换。这些商人带来铁工具、棉布、盐和茶，换回普米族猪的膘或粮食。后来，普米族中也逐渐产生了季节性的赶马经商活动，北至四川木里、西康甘孜等地，南达丽江、大理等。《宋史》记载"如西番求良马以中市"，说明宋代时期普米族和其他民族已有了密切商贸往来。

中华人民共和国成立前夕，普米族的商业贸易有了一定程度的发展，主要凭借当地的矿产资源、动植物资源和药材资源，以马帮运输为主，如宁蒗永宁、新营盘等地普米族男子，曾组织庞大的马帮搞运输，到康定、德钦、中甸、维西、西藏等地经商。中华人民共和国成立后，直到20世纪五六十年代，马帮运输仍发挥过积极作用。20世纪80年代改革开放以后，尤其是党的十一届三中全会以后，普米族地区的商品经济得到了发展，各地普米族群众踊跃经商，涌现出一大批专业户、重点户，普米族个体工商户骤增，使普米族地区的商业有了稳步发展。

 **普米族民俗风情**

 语言

普米语属汉藏语系藏缅语族，语支未定。普米语有南、北方言之分。四川省木里、盐源等地区的普米语属北部方言，云南省宁蒗、兰坪及丽江、维西等地区的普米语属南部方言。方言之间差别较大，交流困难。一个方言区内，在词汇和语音上也有区别。

普米语的使用分三种类型：①单纯使用普米语区，包括兰坪县河西乡箐花、玉狮、三界、大羊4个行政村和宁蒗县永宁区温泉乡和翠依乡，这里的普米族都熟练使用本民族语言；②以汉语或其他民族语言为主，本民族语言为辅；③藏族使用普米语，主要是四川木里、盐源县的部分地区，普米语曾是这里主要的交流语言。普米族生活在一个多民族的环境之中，男子大多兼通彝族、白族、纳西族、汉族等几个民族的语言。如今，年轻一代多用汉语作为日常交流语言。

普米族没有本民族的文字。历史上，木里和宁蒗一带的普米族，曾经使用一种简单的图画文字。另外，这里的普米族还使用一种用藏文字母拼写的文字，用来拼写普米族读音的原始信仰经典，用以记载本民族的历史传说、诗歌故事等，但主要是巫师（"韩规"）用于宗教活动，有学者称之为"韩规文"经典。近代以来，普米族地区已普遍使用汉文。

 ## 建筑

普米族人的住房，除少数汉式瓦盖楼房外，多数都是板屋土墙结构的楼房或木楞子楼房。

"木楞房"是纯木结构，木板盖顶，四墙用木料重叠垛成，当地又称"木垒子"。各户住宅围一院落，院门正对的称正房，呈长方形或正方形，四角立柱，中央竖一方形大柱，称为"擎天柱"，认为是神灵所在之处。

普米族腊肉（供图：刘雨）

普米族木楞房（供图：刘雨）

厢房和门楼都是两层，上层住人，下层关牲畜或堆放杂物。

正房内设火塘（锅庄），火塘左右设卧铺，平时家人在正房火塘边食宿、议事、待客，是全家活动的中心。

锅庄原是指火塘中架铁锅的三块石头，后大多改用铁三脚架。三脚架可以世代相传，是家里的贵重器物，越大越显得家庭富裕。

近代所说的锅庄，是指下火塘前一块带有宗教色彩的石头，人们需要时常向它上供，祈求人畜平安，五谷丰登。

室内无窗，日间从屋顶挑开两块滑板采光和通风。

大门外悬挂牛羊及野生动物的头骨，以示辟邪和祝愿牲畜兴旺。

房内挂猪下骸骨象征财富，挂猪尿泡认为有防火之效。

尚未分居的已婚子女住侧房，房内不设火塘，有小孩后另建居所。

（右侧竖排）深山走出脱贫路 云南人口较少民族脱贫发展之路

12

 饮食

　　普米族饮食以玉米为主食，兼食大米、小麦、青稞等。蔬菜种类较少，有青菜、萝卜、茄子、瓜类等。传统的饮食方式有石头烤粑粑、羊胃煮肉、木桶煮食。

　　糌粑面是普米族的传统食品，做法是将粮食炒熟，放在手碓或脚碓中舂成糌粑面，用冷水或开水冲食之。喝茶时可作点心，外出劳动、打猎、旅行时可随身携带。面食类有烤制和煮制两种。各种粮食都可加工成粉，常见食品有烤粑粑、烤稀面饼、煮面片等。

普米族美食（供图：刘雨）

　　普米族喜食肉，主要是猪、羊、牛、鸡肉，以猪肉数量为多。猪肉有新鲜肉、猪膘肉和腊肉，喜煮成坨肉而食。请客时，如果是盛宴，要当着客人的面宰杀牛羊或猪鸡，以示诚心待客。客人离开时，主人要送一块猪膘肉，称为"散份子"。

13

　　猪膘肉是普米人及摩梭人加工整猪的一种特殊方式，即将猪宰杀后，去骨及内脏，用盐和花椒做成腌肉，然后把猪皮缝起来，即成猪膘。因形似琵琶，故又名"琵琶肉"。猪膘肉可放置数年，食用时要一圈圈地切下来。猪膘的多少，往往能反映一个家庭的富裕程度，一般的家庭每年都制作一二十个，富裕人家有的储存到二三十个。猪膘是普米族人送礼的上等品。普米人也自制腊肉和香肠，制法和汉族大体相同。

普米族美食（供图：刘雨）

　　自明清以来，随着汉族饮食文化的不断传入，普米族的饮食习俗有了很大的变化。如兰坪、维西、丽江地区的普米族家家户户都会自酿白酒，烹调技术也有了很大的提高。富裕人家在红、白喜事上请客，都会做四碟八碗的菜肴，桌凳请白族工匠制造，厨具主要通过购买。中华人民共和国成立后，普米族的饮食文化习俗，已和邻近的白族、纳西族、傈僳族等民族的基本一致，以汉族的饮食烹制习俗和汉族菜为主。

　　普米人有喝茶的嗜好。一日至少三茶：早茶、中午茶和晚饭茶。有的人在临睡前还要喝一次茶，叫晚茶。一般是用一个小巧的茶罐，放入茶叶，用水煮成浓茶饮用，其味浓苦。普米人还喜欢喝酥油茶，制作的方法是先在茶桶内放一块酥油或者猪油，加入少量盐和瓜子仁，将开水倒入桶中，用打茶棍在桶内搅拌，直到油水融为一体，倒出后即可饮用。

　　酒也是普米人喜爱的一种饮料，有烧酒和水酒。水酒类似啤酒，男女老少都爱喝，也是待客的必备之物，当地有"无酒不成话"之说。在婚丧和集会时，使用牛角杯盛水酒，称为牛角酒，主人以将客人灌醉为体面事。

 服饰

据明、清史料的记载，普米族历史上的服饰为男子编辫子，头戴藏式帽，佩刀，披毡子，戴耳环，左手穿袖子，赤足。妇女肩披细缕发辫，多首饰，穿裙子，赤足。普米族的服饰以宁蒗地区保持传统较多。一般在13岁以前不分性别，都穿一件右襟麻布长衫，男不着裤，女不穿裙。女孩发饰前留一辫，上拴红绿料珠。男孩则在头部的前方和左右各留一辫，不佩珠。

成年男子的服装各地大致相同，主要是上穿麻布短衣，下穿宽大长裤，外罩长衫，束羊毛制的绣花腰带。富裕人家穿氆氇长衫。膝以下用布或毡裹腿，腰间佩刀，赤足，或夏穿草鞋，冬穿粗工牛皮鞋。老年男子蓄长发，用丝线把头发包缠于顶；或剃光头，于头顶留一撮发，缠盘于顶。头包帕或戴毡帽，流行盆檐礼帽，有的还镶饰金边。

妇女服饰最为丰富多彩，宁蒗、永胜的普米族妇女留长发，以辫子粗大为美，外包黑布大包头。上衣窄袖高领，穿大襟短衣，着百褶长裙。春秋穿夹衣，用灯芯绒缝制，领和衣边镶嵌金银边，称为"金边衣服"，是妇女最华贵的衣装。喜用羊毛彩带束腰，背披羊皮，胸前佩挂银链，戴手镯、戒指、项链、耳环、玉坠和串珠头饰等。

兰坪普米妇女服饰受当地白族影响较深，普遍穿麻布或毛线裙子，未婚女子头饰正面压贴多层绣花边方巾，发辫中掺入丝线，自左向右绾住布帕，上戴黑色瓜皮帽。有的头扎两股发辫，婚前用双层刺花的天蓝色布包头，外拴一根红色头绳。婚后改用黑色布包头。少数讲究装饰的妇女，将发辫编成12股，缀以红、白

普米族服饰（供图：刘雨）

料珠 12 双，耳缀银环，项挂珊瑚、玛瑙串珠，胸前佩挂"三须"或"五须"银链，节日和婚礼穿花鞋或自制猪皮鞋。

中华人民共和国成立后，普米族也和其他各民族一道，在服饰上受汉族的服饰文化影响较多，服饰趋向简单。女子头饰普遍只用花帕，穿领口、襟边、袖口镶边的大襟长衣，外套红色、黑色、绿色领褂，腰系彩色镶边的黑色或白色方形围腰，戴一些简单的饰品。各地男子除仪式、节庆外，大部分都着汉族服装。随着改革开放的不断深入，普米族的年轻一辈更多地接受了一些西方的服饰文化，西装或牛仔裤成为人们日常的穿着服饰。

 ## 家族

普米族的家庭和婚姻经历了由母系制到父权制、由群婚到一夫一妻制的发展过程。中华人民共和国成立前，普米族的大部分地区都建立了父权制家庭，实行一夫一妻制婚姻。在宁蒗和永胜地区盛行大家庭，其中多数是父系大家庭，其他地区为多系小家庭。只有居住在泸沽湖附近宁蒗县永宁地区四五个村的普米族，在当地纳西族的影响下，实行走婚和母系制。

父系大家庭的家长并不独断专行，男性家长除主持日常事务外，重大问题由全家聚会商讨决定。家长由父亲和长兄担任，受到全家成员的敬重。

现在普米族的父系制地区多是小家庭。平均每户 4 ~ 5 人。家庭由男子传宗接代，女子是外姓之人。年长男子为家长，在家长领导下，家庭成员按性别和年龄实行分工。家庭财产实行男性直系亲属继承制，家产诸子均分，幼子得主房，父母留一份养老产业与幼子共同生活。

普米族家庭中的舅权很突出。舅权与父母等同，每年外甥要去舅父家拜年，甥儿女 13 岁行穿裤子、穿裙子礼后也要去拜见舅父，舅父要赠给衣服、饰物，以至大牲畜。舅父对甥儿女的婚姻有权干预，特别是甥女，舅家有迎娶的优先权。出嫁的妇女死后要先向舅家报丧，舅父披着白毡来吊，婿方要恭敬奉承。

普米族的母系家庭只存在于实行走婚的几个村寨，是由同一始祖的后裔组成的。亲兄弟姐妹属于同一个家庭，如果没有分开居住，姐妹的子女仍然是属于同一个家庭。由于是走婚，母系家庭中不包括本户男女成员的配偶，他（她）们的配偶都住在各自的母亲家。姐妹所生的子女是这个家庭的继承人，而兄弟与其妻子所生的子女不属于这个家庭的成员。每个人都有自己的母亲和家庭，

普米族的家庭（供图：刘雨）

而生身父亲却是"局外人"。母系家庭的家长一般是由母亲或长姐担任，她是家庭的核心，受到全家的敬重。在母系制下，阿注婚所生的子女，只属于母亲。按传统习俗，男子无抚养儿女的义务，但有抚养甥儿女的责任。在母系制下，儿童并不属于母亲个人，而是属于母亲的整个家庭，他（她）们都是家庭的继承人，将来也要赡养所有的长者。舅舅则把甥儿女都当成自己的亲骨肉。

　　普米族亲属称谓中的直系亲属部分，与汉族、白族的称谓完全相同。不同的是旁系亲属和姑表亲的称谓区分不太明显。如旁系亲属中伯祖父与叔祖父、伯祖母与叔祖母、姊与嫂同称，姑姨表亲中姑父与伯父、姨夫与叔父、姨姑表兄弟姐妹同称等。这些称谓在某种程度上反映了普米族历史上，曾经盛行过氏族内婚和姨姑表优先婚的婚姻制度。

 ## 文学

　　普米族创造了许多想象丰富、优美绚丽的民间文学作品，其中神话传说数量较多，年代也较久远。如《洪水朝天》《开天辟地》《捉马鹿的故事》《戛达

17

米》等，是关于开天辟地、人类起源、民族迁徙的神话传说。其神话传说的特点是，洪水洗劫后，人类不是靠兄妹成婚来繁衍绵延，就是以人仙匹配的形式来实现。《给羊子的来历》《狗救主人的故事》《打猎的来历》等，是解释普米族某些重要习俗起源的故事。如《给羊子的来历》对普米族丧葬文化中最隆重的"给羊子"仪式的来历进行了解说：传说兄弟（又说是甥舅或父子）二人去远地取经，入夜行至荒山野岭，幼者躲入日展夜合的柞树叶中过夜，长者自恃有宝剑护身，结果被斑鸠大的蚊虻蚕食。幼者为使长者安息，想尽各种办法，最后以羊献祭才达到目的。

普米族的民间诗歌以题材广阔、曲调多样、富有浓郁的生活气息和广泛的群众基础而远近闻名，是名副其实的诗与歌的统一。其诗歌可以分为习俗歌、山歌、苦情歌和欢乐歌几类。其中，习俗歌是在举行有关习俗活动时演唱的诗歌，大多保留了普米族音乐的传统风格，演唱时都有特定的环境、形式和内容，包括史歌、婚歌、丧歌、祭社歌和生活歌等。史歌有《创世歌》《族源歌》等，曲调带叙述性，多由老人独唱；山歌是在山野放牧、劳动、行路等情景下唱的抒情性歌曲，有独唱和男女对唱等形式，歌词多即兴创作，内容多反映爱情生活、自然风光和劳动生产等场景。其中情歌的数量最大，如《放牧牛歌》《马帮歌》等都属此类；苦情歌以独唱为主，或歌唱劳动的艰辛，或歌唱父母养育子女的不易，或歌唱外嫁女子的孤寂，或歌唱恋人生离的痛苦，词曲感情结合紧凑，唱至动情之处常常催人泪下；欢乐歌是表现欢乐情绪的短小歌曲，内容大多是赞美家乡风光和向往美好生活，如《贡戛岭歌》就是一首对故乡的颂歌。

改革开放，尤其是实施西部大开发以来，普米族涌现了一大批民族作家、诗人，出现了诗歌《啊，泸沽湖》和大型音乐舞蹈史诗《母亲河》等优秀作品。

 教育

普米族非常重视对儿童的教育。对幼儿的教育包括劳动教育、习惯教育和品德教育等。

重视儿童教育是每个普米家庭和整个村社的优良传统。为少年举行成年礼仪是一次重要的社会教育。儿童年满 13 岁举行成年仪式，时间在除夕之夜，届时将入社的儿童按性别团聚在一起，通宵欢乐。待雄鸡报晓，立即返家，参加传统的成年仪式。若是男孩，由舅父带他到火塘左前方，双脚踩在粮袋和猪膘上，

右手握尖刀，左手拿银圆，象征勇敢和财富。巫师祭祀毕，舅父为其换上短衣长裤，系腰带；若是女孩，则由母亲带到火塘的右前方，脚踩猪膘和粮食，左右手分别握麻线、耳环等饰物，母亲为其换上麻布上衣和百褶裙。换装后要向灶神、长辈叩头，亲友赠予牛、羊、饰物，表示祝福。成年礼结束后的少男、少女成为家庭正式成员，有权参与社交，有的开始参加主要的生产劳动。

中华人民共和国成立之初，党和国家就在普米族地区开办了一批初级小学，进入 20 世纪 70 年代，基本上每个普米族村寨都设立了初小和连片高小。

 艺术

普米族舞蹈（供图：刘雨）

凡遇婚丧、节日，普米族都会举行"对歌"比赛，歌词包括劳动生产、婚丧、宗教等方面的题材，如《祭山神歌》《挽歌》《迎客歌》《四季歌》《迎亲歌》《赶马歌》《放羊歌》《纺线歌》等。形式多为叙事歌，另有短调，以男女青年爱情生活为主，通过对唱，表达双方爱慕的心意。

普米族平时也喜爱唱纳西族、白族和汉族的山歌。歌曲演唱有广泛的群众基础，演唱时都有特定的环境、形式和内容，伴奏的乐器有笛子、葫芦笙、四弦琴、口琴、口弦、唢呐等。

普米族舞蹈种类繁多，内容十分丰富。既有自娱性与交际性的舞蹈，如《搓磋》《葫芦笙舞》；又有模拟性和礼仪性的舞蹈，如《仆瓦磋》；还有崇拜英雄、自然、祖先神灵的祭祀舞和丧葬舞，如《醒鹰磋》《寨细磋》等。

舞蹈以反映耕作、狩猎、纺织等生产劳动的为多，用葫芦笙、笛子等伴奏。舞步刚健明快，并配以优美生动的曲调。跳锅庄是普米族传统的舞蹈形式，一般是傍晚时在院内或场坝上举行。跳舞时，总要在中间燃起一堆火，与室内的锅庄相似，所以叫跳锅庄。

此外，常见的舞蹈还有"初歹"（即"打跳"）"初及""帕手拉""洗麻舞"等，多为集体舞蹈。跳舞时无论男女老少都加入舞蹈行列，欢聚一堂，往往跳至深夜不觉疲倦。

普米族节日（供图：刘雨）

普米族舞蹈（供图：刘雨）

 风俗

1. 节日

普米族有自己的节日，主要是大过年、大十五节、绕岩洞、转山会、尝新节等，有些地方也过清明节、端午节等节日。

大过年是普米族最隆重的节日，一般过 3 天至半个月。在宁蒗，以腊月初七为岁首，而兰坪和维西则在正月过春节。兰坪一带有杀年猪宴亲的习俗，不论来客多少，总要馈赠每人一份火烤肘肉和一碗骨头汤，以示"亲如骨肉""情同手足"之意。腊月三十晚上，先由男家长主祭"门神"，敬"锅庄"，然后全家老小围拢火塘吃团圆年饭。大年初一清晨，各家以供品祭锅庄、祭龙潭。所念祷词，提及同氏族内各家族祖先亡灵和自家三代列祖以及各路名山大川的名字，表示迎新年祈丰收。宁蒗普米族在除夕之夜，先要放三响火炮、吹海螺，在锅庄上供猪头。次日，上屋顶祭房头，取新水。家中如有年满 13 岁的男女儿童，则要举行隆重的"穿裤子"和"穿裙子"仪式。春节期间，普米族同一氏族的人邀约集体上山放牧，共同聚餐，各家带去丰盛的菜肴。青年男女要举行赛马、打靶、赛跑、摔跤等多种娱乐活动。

21

普米族舞蹈（供图：刘雨）

大十五节是宁蒗普米族过的一个节日。时间定在腊月十四日，届时，人们穿着鲜艳的新装，上山露营，举行篝火晚会。次日绕"嘛呢堆"祈祷求福，青年男女尽情地唱歌、跳舞，谈情说爱。

宁蒗永宁地区的普米族，端午节要举行"绕岩洞"活动，并到洞中烧香驱邪，祈求多子多孙。中元节时去参加"转狮子山会"，去祭祀"干木"女神。这种节日既是宗教性的节日，也是青年男女进行社交和娱乐的节日。在大小春节收获的时节，要过"尝新节"，家家户户都酿酒做新米饭，有时还把第一餐新米饭中的饭团先给狗吃，以示对狗的尊敬。

2. 婚姻

普米族的婚姻以一夫一妻制为主。中华人民共和国成立前，普米族实行氏族外婚。选择配偶由父母做主，盛行姑舅表婚优先婚配。结婚年龄较早，女子15岁、男子18岁多已完婚，或者在男女13岁举行成丁礼后结婚。普米族通婚的双方，有三代续娶的风俗，称为"亲三代"。指腹为婚、幼年订婚较普遍。各地普米族的非姑舅表婚一般要经过求亲、敬锅庄、择日、行婚礼等几个步骤。

普米族婚礼（供图：刘雨）

选定对象后，男方向女方家说明意图，如征得女方家族同意，男方家长便请媒人携带礼物去女方家说亲。女方召集家族长辈与男方见面，由女方打开男方带来的定亲酒祭锅庄、敬长辈，畅饮后确定亲事。订婚后，经议聘、过小礼、逢年过节双方互赠礼品，双方家庭来往密切。男方到预定完婚的年份到女方家求婚，对方同意后，多在冬闲的双月择良辰吉日举行婚礼。

兰坪、维西一带的普米族，婚礼之日盛行"对歌"。

当男方迎亲队伍抵达时，女方仍紧闭大门，于是媒人唱起喜歌，叙说双方结亲符合天意人意。女方听到中意处，才开门迎入，并接受迎亲者送来的礼品和礼钱——"开门钱"。迎亲人见到女方老少，都要磕头致意，感谢他们将新娘许配给新郎。第二天破晓，将新娘打扮一新，由新娘的弟弟背出并扶上马背，饮"出村酒"。到了新郎家，迎候的家人唱起"开门调"，新娘由两个中年妇女扶入洞房。随后，一对新人拜堂，男方设酒席宴客，对唱古歌，跳锅庄舞，通宵达旦。

在盛大的婚礼后，新娘要开始"不落夫家"的生活。兰坪地区新娘不落夫家的时间一般是数年，宁蒗地区则从若干年至一二十年不等，往往要到新娘怀孕后才真正到男方家生活。可见，普米族女子虽然订婚、结婚较早，但真正到夫家坐家往往都很晚，普遍是25岁以后，少数到30岁、40岁才坐家。在此期间，男方要迎娶新娘4次，举办4次婚礼仪式。按照旧的习惯，姑娘婚后起码要三回三转，设法逃回娘家。若在一迎二迎后就坐夫家，会被认为是一件不光彩的事。

宁蒗地区的普米族还保留着古老的"抢婚"习俗。到议定的婚期时，女方会把新娘藏匿在其他家，女方亲友则准备对男方迎亲人进行掳掠。待迎亲人抵达，女方蜂拥而上，将其所携带的礼品一抢而光，男方不得反抗，事后要用茶叶将礼品赎回。到出嫁之日，女方父母不事先通知新娘，仍让她外出劳动，男方派人将其强掳回家。新娘到达男方家，要先由"韩规"为她举行除秽仪式，目的是把尾随新娘的女方亡灵撵走，使她从此归属于新的家庭。这天，男方要大宴宾客，以示庆祝。普米族婚后不能离异，若丈夫亡故，女子一般由夫家作主转房给夫弟。如无转房对象，则在族内转嫁，族内无对象，则由婆家决断，招婿或留下其子女后再嫁外人，再嫁彩礼由婆家收纳。

中华人民共和国成立后，普米族的旧婚姻制度有了改变。青年男女走上了婚姻自由的道路，父母包办婚姻的现象少了，门当户对的婚姻观念被打破了，"不落夫家"的现象也没有了。青年人的通婚范围，也从本民族扩大到其他汉族、白族、藏族、纳西族、傈僳族等民族，传统的婚姻习俗有了很大的变化。

3. 丧葬

普米族的葬礼很隆重，传统葬俗是火葬，有的也行土葬。宁蒗地区全部实行火葬，兰坪靠近白族的地区以土葬为主，维西县则两种葬俗都有。按照传统习俗，在人病危时要通知近亲探视。人死，要鸣枪放炮，通知村内各家，村内人闻丧后，携带饭团、猪膘等物品，前去吊唁。人死以后，要洗尸，并将尸体捆成屈

肢坐式。捆尸缘由，是将死者恢复成原来出生的状态，便于再生成人。火葬的时间由巫师决定，每个村寨都有一个火葬场。

出殡前夜，将尸体移入一彩绘的方形棺木内，停放于正房火塘边，举行"给羊子"念经送魂仪式。"给羊子"是普米族葬仪中最隆重的仪式，普米语称"史布融比"或"冗肯"，意为"送亡灵到祖源地方"。相传人死之后，亡灵须用白绵羊引路才能返回祖源地，故有此举。"给羊子"仪式由巫师主持，祭祀时向羊耳内洒酒和撒炒面，如羊摇头，则意味死者欢喜，全家吉利。随即由孝男孝女跪地轮流请羊喝酒，亲属向羊磕头辞行。接着由专人杀羊取心，供上羊心后，巫师唱颂《指路经》，给亡灵指引归宗路线，让亡灵沿祖宗迁徙路线返回祖先的发祥地。参加"给羊子"仪式的人员可达数百人，人们集体便宴，称为吃排酒。其间，老人们要唱开天辟地以来的一切古歌，其中一首叫《柞树的故事》，内容讲的就是"给羊子"的起因，还要唱《做人规矩歌》，对青少年进行教育。

出殡时，由4人将棺木抬至火葬场，用斧头劈开棺木，尸体落入架好的柴垛上，送葬的亲友即可返回，家属跪地痛哭，与死者诀别。巫师念火葬经，以慰亡灵升天。次日由死者子女到火葬场捡13块骨头，存入小口凸肚的骨灰罐中，不盖口，底部留一小孔，意为死者灵魂出入的通道。同一氏族的骨灰罐集中在一个坟山，俗称罐罐山。骨灰罐是按辈分次序排列的，长辈在上，晚辈在下，男左女右。

普米族宗教信仰

普米族的宗教信仰，既有祖先崇拜，又有自然崇拜、图腾崇拜，还有藏传佛教信仰及对道教的尊崇，其宗教信仰形态具有多样性和多元化特征，呈现出多元宗教和谐共存的景象。

普米族大多信仰藏传佛教。在藏传佛教流行的地区，如果一家有两三个男子，就必须出1人当喇嘛。喇嘛必须从小就学习佛事，先在当地向普米族喇嘛学习藏经和宗教活动方式；20多岁以后，再到拉萨或其他地区的大寺院中进行学习。经过三四年或七八年的学习后，再返回本地从事宗教活动，有的则终身不返，老死在藏传佛教寺院中。藏传佛教有红教和黄教之分，这两个派别在普米地区都有影响，但各地侧重不同。例如在云南滇渠地区的普米人多信红教，永宁地区则

流行黄教。

韩规教也是普米族地区比较流行的宗教。"韩规"这一称谓又被用来指主持仪式的宗教人士。普米族的巫师过去称"丁巴",他们信奉的原始信仰称为"丁巴教",但后来改称巫师为"韩规"或"师毕",丁巴教也改称为"韩规教"。名称虽异,但内容仍同。每个普米家庭都有固定的韩规,每个韩规都有自己的信徒。信徒家要从事宗教活动时,只能请自己的韩规主持。韩规则必须熟悉各家信徒的族谱和送魂路线等情况,以担当有关信徒通神的桥梁。挪威学者科恩·威仑斯(Koen Wellens)在近十年的时间里,通过定期访问和数次长期的田野调查,观察到韩规仪式的稳步复苏和振兴。10年前,要在离木里县很远的深山老林的几个寨子里才能找到零星健在的老韩规,现在越来越多的年轻人开始学习这些古老的仪式,甚至有一个寨子里就有7个专业的韩规,在宁蒗县城附近还有一所小规模的学校专门培养新的韩规。

普米族也有少数人信仰道教,但是其影响远远小于自然崇拜、祖先崇拜以及藏传佛教。

值得注意的是,在普米族眼中,各个宗教之间是和谐相处、相互融合的。在举行宗教仪式时,常常是既请韩规来主持仪式,同时,还要请普米族喇嘛来主持,用藏传佛教的经文来做祈祷。在普米人的宇宙观里,除人类和动物外,还存在着一系列的神、恶鬼和祖先的魂灵。恶鬼致人和动物生病和死亡。其中一种鬼属于祖先灵魂,它们因未能得到恰当的供奉而纠缠后世子孙。山神和水神在村民的生活中起着基本的作用,因为它们能够帮助人们驱鬼避邪,如果它们没有得到妥善的祭祀,也能招致疾病和自然灾害,这对生活在土地资源贫瘠地区的农民来说,是一个很关键的问题。于是传统的韩规和喇嘛就成了村民借以控制恶魔影响和妥当祭祀神灵和先祖灵魂的媒介。由此可见,在普米族,无论是韩规教、祖先崇拜、自然崇拜、图腾崇拜,还是藏传佛教信仰和道教信仰,各种宗教信仰是可以并存相融、和谐共处的。这主要是由于各宗教本身就追求和谐,都有其独特的和谐理念与实践。普米族社会的宗教和谐,体现为各宗教教义思想中的和谐理念充分弘扬,各宗教教规戒律的规范作用充分发挥,各宗教内部诸要素关系充分协调,从而使宗教成为社会中的和谐因素。

普米族宗教始终在积极进行相互对话、相互交流、相互学习,在多样中求统一、在差异中求宽容、在交流中求共识。

韩规是普米族的男性巫师,除须熟悉本民族原始信仰的经典、祭祀仪式及

各种传统文化外，还必须掌握一定的藏文及藏传佛教知识。韩规没有明确的等级区别，只有相对的水平高低之分。韩规通常从16岁左右开始学习韩规教，待熟悉韩规教的经典、祭祀仪式后，家庭经济条件允许的就离家赴西藏、青海或四川的藏传佛教寺院修习藏传佛教；家庭经济贫困的则拜当地有声誉的藏传佛教僧侣为师，业余学习一些藏文和藏传佛教的基本经典、教义和祭祀活动，只有极少数的韩规不懂藏传佛教。

此外，韩规还必须熟悉天文、历法、伦理、史诗、传说和神话等本民族的传统文化。韩规不仅精通本民族的原始信仰，而且掌握藏传佛教的基本内容，故受到其他民族巫师的推崇和本民族群众的尊敬。

普米族的原始信仰可以分为"多神崇拜""祖先和动物崇拜""鬼灵崇拜""各种禁忌"四个大类。由于社会经济与民族杂居环境的不同，随着历史的发展和文化的交融，普米族传统的原始信仰发生了一些变化。例如，兰坪、维西、丽江三县的普米族，在反映其祖先崇拜的丧葬中，自清咸丰年间以来，一边以绵羊为死者指路，一边看风水，建造汉族或者白族式坟冢，树碑立传，由火葬改行土葬制度，后来在兰坪的一些地方，除祭山神外，还祭白族的"本主神"，吸收了白族的本主教元素。再例如，维西、丽江两县的普米族，在办丧事和祭天的仪式中，不称普米族巫师为"师毕"，而借称纳西族巫师的"东巴"一名，甚至在祭神杀鬼的仪式中，普米族巫师"师毕"还借戴借用纳西族巫师"东巴"的五幅冠和皮鼓等，这也说明了普米族原始信仰受到纳西族"东巴教"的影响。

普米族社会生活中多元宗教传统并存，原因在于宗教文化与其他文化"美美与共"，达成了某种"共识"，实现了宗教与社会关系的和谐以及宗教与国家政治的和谐。

云南宁蒗、永胜和四川木里三县的普米族在自然崇拜活动中，祭山神是最重要的三大祭祀仪式之一。由于普米族大分散、小聚居的分布特点，加之在长期与藏族、纳西族（摩梭人）等民族的交往中，受藏传佛教和其他宗教的影响，因此，各地普米族所崇拜的山神形象不尽相同：在云南宁蒗县和四川木里县等地，认定的神树就代表山神，在其认定的神树下供奉石块雕刻的山神像，形状为虎、豹、鹿等野兽；在四川盐源县、盐边县等地，则在神山上修建起山神庙，庙中供奉的山神形状为一男一女两尊泥塑偶像，这是受藏传佛教的影响。

苯教、藏传佛教传入后，相当数量的普米族人出家当喇嘛，对普米族的韩规教产生了一定影响。格鲁派传入川、滇毗邻地区后，在宁蒗普米族中影响日

盛，多数普米族人家有经堂，屋顶插有经幡，山口堆有"喇嘛堆"（嘛呢堆），出家当喇嘛的普米人也增多。

普米族"韩规教"，是在苯教和藏传佛教的影响下发展形成的，具有苯教、藏传佛教普米化的显著特点：①普米族的韩规教是多神崇拜，有一个较庞杂的"神鬼"体系，有800种"神"、3000种"鬼"，其中属于本民族创造的"神鬼"不超过1500个，其余异族创造的"神鬼"中，以藏族创造的"神鬼"居多。②普米族巫师称其祖师为"益史顿巴"，这是苯教祖师"丹巴喜绕"的转音。而且说韩规教的第一祖师学教于丹巴喜绕的弟子角鲁哈刺沽，传承现今有42代，说明韩规教同苯教是一脉相承的。③普米族的巫师韩规，使用的法器有大鼓、摇铃、海螺、长刀、弓箭等，与苯教徒的法器相同。韩规的法帽为"五佛冠"，这五佛实际上是苯教的五位护法神。④普米族巫师在祭祀活动中多用普米语转读藏文经典，如韩规主持丧葬仪式时，念诵的是苯教的《开路途经》。韩规教的许多仪式实际是苯教的仪式，不论从形式上或内容上看，都与苯教的葬仪相似。⑤苯教巫师有不同的职能，他们以祭礼职能的不同而分为天本波、地本波等，而韩规教也以从事的活动不同而分为木派韩规（善业法事）、跨巴派韩规（恶业法事）、印曲派韩规（善恶两法事兼行），这也是源于苯教的佐证。⑥普米族的韩规教特别注重祭天仪式，其次是祭山神和祭龙潭神，这也是受苯教的影响。可见，普米族的韩规教与藏族苯教和藏传佛教在仪式、经典、教义、神鬼体系等方面都有密切联系。据调查，20世纪50年代民主改革前，永宁黄教寺里有普米族喇嘛56名，白教寺里有普米族喇嘛32名。于是，在普米人的精神世界和世俗生活中，出现多种宗教你中有我、我中有你的混融现象，但没有出现过某种宗教占主导地位的现象。

普米族宗教信仰作为一种多样和多元的宗教文化，既有本民族的自然崇拜、图腾崇拜和祖先崇拜等原始信仰，还有藏传佛教信仰以及对道教的尊崇。需要指出的是，宗教作为重要的社会文化现象和价值理念体系，其内外各种关系的和谐对社会整体的和谐不可或缺。普米族的各种不同宗教文化经过自主适应，和其他文化一起，取长补短，共同建立了一个共同认可的基本秩序和一套各种宗教文化能和平、和谐共处，各抒所长，联手发展的共处守则，从而使各宗教文化取得了能够适应新环境、新时代、新文化选择的自主地位。质言之，宗教和谐，就是在承认宗教的多样性、自主性、平等性、和平性的基础上，努力构建宗教内部、宗教之间、宗教与社会其他组成部分之间"和而不同"的和谐状态，达至

彼此尊重、和睦相处、美人之美、美美与共的美好境界。在实现宗教和谐的进程中，各层面宗教关系的和谐，核心无疑是以人为本。要通过倡导宗教和谐理念，促进宗教和谐，实现信教与不信教群众、信仰不同宗教群众之间以及宗教与社会之间的和睦相处。

普米族的自然生态理念

在促进当地经济发展的过程中，普米族地区的人们在认识和改造自然的过程中形成了尊重自然，与自然和谐相处的自然观。普米族最早于现在的横断山脉纵谷区中部定居，繁衍生息。这些地区地势呈西北高、东南低，金沙江和澜沧江由北向南贯穿全境，形成高山峡谷、小块盆地交叉相间的地形。著名大山有老君山、玉龙雪山、雪邦山等。河流有泚江河、巨甸河、白角河、通甸河、永春河等，分别注入金沙江和澜沧江。此外，还有著名的泸沽湖、程海等高原湖泊。普米族聚居地区气候主要属温带季风气候，山区属中温带湿润气候。由于地形高差突出，具有显著的立体气候特征。

 ### 自然环境作为民俗传承场所

人类群体对于所处生态环境的切身体悟以及与生态环境的磨合适应，是民俗生成的生态性本源。民俗文化的传承涉及传承主体、传承客体（民俗事项）、传承方式、与传承场的关系等，民俗文化得以沿袭的重要基础是传承场域。张福三指出，民间文化的传承体系包括有形的传承空间与无形的传承空间，可概括为三种类型：自然传承场、社会传承场和思维传承场。其中自然传承场是与人类社会生活休戚相关的自然因素。普米族民俗文化的源头一开始就深深地扎根于自然的沃土中，放牧和农耕种植传统离不开山川河流、森林草地与气候等提供的条件。普米族先民自古便在与大自然的相处中，通过认识、选择、利用、认同和阐释大自然而创造了神话、史诗、传说、故事等，形成了自己的风俗习惯、民俗传统。

民俗传承主体——人，首先需要从大自然中获得生存所需，当生存问题解决后，才能一边生活一边创造属于自己的文化。刘铁梁认为：中国的民俗文化从根本上而言具有农耕社会性质，民俗调查不管什么课题，总要从村落人口、姓

氏、耕地、作物、聚落格局、周围环境和历史变化等入手，因为这些基本材料是民俗事项的背景。这一观点强调了民俗传承的空间范畴，包括村落的地域、格局、种植物种、周边环境等一系列自然生态背景。余谋昌指出，文化与自然的关系分为三种：①城市，文化代替自然，属文化价值占主导地位的地区。②农村，文化与自然相互渗透，是文化了的自然及人工自然，属文化价值与自然机制广泛相互作用、相互渗透的地方。③荒野（丛林等）自然价值占主导地位。民族民俗文化传承空间多在农村，农作物、生计方式和所处生态系统构成文化的生境，自然价值和文化价值同样重要，两者构成了生态民俗传承的基础。

普米族生产劳作方式为半耕半牧，森林、草场、山地等自然空间多元丰富，便于饲养羊、马、牛、猪等。其中，羊的地位比较突出，因气候相对寒冷，羊是大部分家庭的生产资源、财富、工具和文化物品，普米族妇女劳作之余在家捻羊毛纺线，并将羊毛线织成普米传统服饰和床上用品，羊皮则被做成披风。普米族民居是用一根根原木做基本材料，砌成"木楞房"，房屋建造形式既能满足大家庭需要，更能保暖驱寒。这些都表明了自然环境影响并构建了普米族的生产习俗、生活习俗、节令习俗、宗教信仰和人生礼仪习俗等。普米族的民俗文化便是在上述自然条件中产生和传承发展的。

 民俗传承中的生态观念

史徒华提出文化生态学的三个步骤：一是分析生产技术与环境之间的相互关系；二是分析特殊技术开发在特定地区所涉及的行为模式；三是环境开发所需的行为模式影响文化至何种程度。他甚至还认为地方性环境特色决定了有巨大影响的社会性适应，在气候、地形、土壤、水文、植被、动物等当中，有些特质比其他特质更为重要。解释人类社会的本质是为了探析文化，文化在与自然的不断调适中形成并在一般情况下稳定持续或变迁。普米族民俗传承内容主要包括：

1. 自然共生习俗

共生有别于依生和竞生。依生是指生产力不发达时期人类对自然的依附性生存，竞生是指进入工业时代后人类与自然竞争生存并压缩自然发展空间的生存模式。共生则更多地体现了人与自然的均衡发展及共赢，有多元并存、相生共长、异类同生和互利互惠之意，在人与自然相互影响和制约的过程中，共生是一种相生同长的生态机制。普米族习俗与自然的共生状态则体现在生活的方方面面。普米族每家每户都有自己的农林，每年冬季农闲时期，普米族男子们会为了建房专门带着斧头上山备料，郁郁葱葱的原始森林不能砍，只能砍自家种植的农林。民居建筑多用木头垒成，大多用松木垒墙，杉木盖顶，屋顶与墙皆为一根根完整木头垒成，民间有"盖顶上的房头木板，一层盖一层"之说。盖房用的木头需要刷清漆，以防木头生虫导致房屋不牢固，同时也使房屋外观整体呈现木头原色。对其他地区而言，长成一丈五尺①左右的原生木材非常难得，价格不菲，可是在普米族长期培育和保护林木的习惯下，一个家庭获得几百根造房子的木头并不困难。

普米族的火塘是家庭重要的民俗文化空间，火塘民俗所体现的是民众无处不在的敬畏之心，这种敬畏之心增强了他们对衣食之源大自然的爱护与崇敬。火塘由铁制三脚架支撑圆圈架组成中心，周边的方形空地供添柴火和饮食烹饪使用，火塘与左右床榻连成一个整体，床榻一般比房屋地面高出几十厘米。烧柴源自各家柴山，枯木、将死之木或者修葺大树所得枝条等，为烧柴首选，也有专门种植以供火塘之用。火塘象征着一个家庭的神圣中心，火塘正向靠墙一方为祖先祭祀台，上有祖先牌位和日常供奉的酒水或祭品。家庭中过年过节或者有重要事情时，所有人均聚集在火塘周边聚餐商议。火塘两边的床榻，左边为家庭老人或长辈坐卧之处，客人中的男性长者能被邀请坐在此处，右边为辈分稍低的家庭成员享有，最年轻的家庭成员或小孩，若祖辈或父母辈在家，不能在火塘边的榻上坐卧。火塘左边空间也是文化上的神圣空间，客人或家庭成员不能在此说不文明的话，不能丢垃圾、吐痰等。一般由年轻的女性成员承担烹饪工作，她们不能上到火塘台，只能站在台下烹饪，如果老人坐在上面，做好的饭菜要从火塘下方双手奉给老人，这体现了普米族的孝文化。

普米族的种植和饮食以玉米、小麦、燕麦、荞麦为主，喜食乳饼和酥油茶。自酿大麦黄酒，呈橘黄色，此种酒因酿造程序繁多、工艺精致，较为珍贵，多用于隆重场合，如今的婚礼或葬礼上，如果谁家能准备几大缸大麦黄酒，说明主人财力与才能并存。普米族肉食比较丰富，主要是家养的牛、羊、猪、鸡等，因与原始森林相伴，历史上有过打猎传统，当下打猎情况已极少。

普米族学者曾经写过《与青山共存的普米族》，文中说普米族"靠山吃山，

---

① 丈、尺为长度单位（非法定），1丈≈3.33米，1尺≈0.33米，全书特此说明。

吃山养山"。生物多样性是普米族地区的生态特征，他们从自然中获得生命所需的能量，形成了与自然共生的各类习俗。

2. 日常生活习俗中的生态和合观

在普米族的习俗中，充满着中国自然哲学思想中的"和合"观念。《道德经》第四十二章："万物负阴而抱阳，冲气以为和。"道家朴素的世界观认为万物和谐状态乃阴阳相互转化共生互利而致。《周易》："乾道变化，各正性命，保合太和，乃利贞。"又说，"夫大人者，与天地合其德，与日月合其明，与四时合其序，与鬼神合其吉凶。""和合"的观念，即只要保持完满和谐，万物就能顺利运行，而与天地合、与日月合、与四时合、与鬼神合等，是中国传统哲学观"天人合一"的表现形式。人类想要拥有较好的生存环境和生活，就需要顺应天时地利，有节制地使用自然，遵循自然万物的规则，达到天人和合的程度才能与万物和谐互惠。钱穆说："中国人常抱着一个天人合一的大理想，觉得外面一切异样的新鲜的所见所值，都可融汇协调，和凝为一。"和合，指人、自然、社会三者关系组合的一种生态和谐，人与自然、社会组成动态平衡的和谐关系。

普米族的和合观念是敬重自然，与天地融合共存，平等对待身边万物，以人度类，仁爱万物。普米族生产生活崇拜活动更多地源于万物有灵观念，自然崇拜对象包括天、地、山、树、禾苗等，其他崇拜对象包括龙、祖先、中柱、仓房等。普米族对自然的崇拜，体现了他们围绕山水林木和土壤运用的多维生态和合观念。

普米族每年规律性举行的仪式活动有：①山与树的崇拜，山树一体。每一个村子都会在附近森林中选一棵古老粗壮的树作为神树，神树所在山头即为山神所居之处，神树所在处便是神树林。村寨祭在每年的二月或八月，家庭祭通常在春节期间，仪式当日由师毕（祭师）诵经祈祷，牺牲包括鸡、羊、牛等。②龙潭崇拜，水所在即龙所在，是水崇拜的一种体现。龙潭大部分是村民日常取水处或水源处，有些是山涧、溪流或河边。以村或以家支为单位的祭祀仪式一般在农历七月举行，祭祀程序较多。家庭私下祭龙潭通常在大年初一，也有抢头水之意，家庭祭祀不请师毕（经师），太阳初升时换上干净整洁的衣服，带上羊奶、三炷香去取水即可。③火塘崇拜与祖先崇拜，祖灵永在。普米族相信人的灵魂和万物的灵魂一直守护着人们的生活，每年春节和清明节都要举行祖灵祭祀仪式。日常生活中祖先崇拜通常与火塘崇拜融为一体。火塘崇拜习俗是普米族日常生活

31

中最核心的一种习俗，每日三餐之前，先将食物供祖先神灵飨用。年节、婚丧嫁娶和人生礼仪，包括出行、生育、得财、建造、纠纷、杀牲、受灾、尝新等，凡是普米族家庭的重要时刻，都要举行"祭三脚"（火塘）仪式。④祭中柱，综合祖先崇拜、器物崇拜与父权崇拜的习俗。熊贵华认为"中柱是普米先民在游牧时代搭建帐篷不可或缺的骨架"。中柱更是家庭稳定和人口生命力的象征。实际上，山、树、龙潭、中柱等崇拜都属于自然崇拜，围绕着林木、土壤、水源三者的循环，火塘崇拜虽与祖先崇拜联系紧密，但火塘的形成离不开林木之柴，都与自然息息相关。

除仪式习俗外，普米族的日常节庆娱乐，更显示了他们与自然环境相融亲切的和谐状态。兰坪县大羊场和罗古箐是普米族的冬季牧场，两处山间草场地势开阔，一年四季绿草如茵、山峦如画，这里不仅仅是普米族放牧处，更是他们节庆时载歌载舞处。每到普米族的传统节庆日如端午节（情人节）、吾昔节（新年）等，普米族青年男女纷纷聚集到草场过节，唱歌、跳舞、口弦吹弹、演奏羊头琴等，通宵达旦，人与自然和谐共生。

3."羊"的生态文化意义

羊的生态意义在于形成了普米族物质生活的良性循环，文化意义则在于羊与普米族在习俗传统上的有机整合。

当一个社会或一个群体总是集中地与某种事物产生联系，并且生活中总是使用到此物时，人与物便进入了相互依存的生态循环模式之中。普米族的先民羌人留下了远古牧民的诸多遗产，马、牛、羊等牧养动物，促进图腾制度的产生。普米族人崇拜羊，羊与普米族的关系属于依生和共生，也是观念上的整生关系——羊与普米族人相互依存，在自然中同属有机整体部分，也是亲密的伙伴关系。现存传统中的所有信仰都以沉淀的形式体现了一种漫长久远的范型；大多数接受这些传统的人都并不明白他们的信仰是过去信仰的一种沉淀。普米族崇拜羊的传统可谓悠久。

羊在普米族日常生活与仪式中有着同等重要的作用。兰坪山区的普米族家庭如果没有羊，一般会受到别人轻视，而羊的多寡不仅是家庭财富的象征，也是家庭是否兴旺的体现，羊在所有普米族人的民俗仪式中均扮演着重要角色。关于羊的信仰和禁忌在普米族人生活中几乎无处不在，也是构建普米族文化认同的基础之一。在著名的"给羊子"丧葬仪式中，羊不仅是亡者的伴侣，指引其回到祖

先居住地，羊还能寄驻亡者的灵魂。兰坪县丰富的草场资源和山林资源为普米族长期与羊为伴提供了良好的自然条件。羊供给普米族人食物，也形成他们的羊毛或羊皮服饰体系。羊既是有效的生产生活资源，也是财富形式和信仰载体。

普米族日常生活习俗中的山神、树神、龙潭神、祭祖等信仰崇拜，无形中形成了关于保护自然的生态禁忌。普米族有祭祀天地的习俗传统，他们对天地之间的自然循环高度依赖和信任，并无主宰和改造自然的现代性狂妄认知，因此，他们尊重自然的运行规律，土地种植尽量不用化肥而用农家肥，因为化肥会使他们山上的野生菌和药材不能生长。自然共生与生态和合观念形成普米族的生态保护意识——凡是山神、树神所在的神山里，不能砍树、不能打猎，龙潭附近的树更不能砍，祖宗坟地附近的树也不能砍，那是对祖宗的不敬。普米族人认为，触犯禁忌会带来不可预知的惩罚，如果冒犯山、水、树等崇拜对象，不仅会给家人或自身带来不幸，同时也违背了族群的共同意志，会招来族人的指责，冒犯者在村寨中也会失去颜面和尊严。这些关于崇拜对象观念上的禁忌，实质上为生态保护意识，保护了普米族村寨附近的山岭、水源和林木。

普米族民间有很多口头传说，各类传说讲述了有人因为违反不能乱砍滥伐的传统习俗，最后受到相应的惩罚。对人们来说，凡是不遵守和破坏民俗规范的行为最终都会受到惩罚，这种惩罚近似"神判"。如乌丙安所言：习俗环境中的乡规民约、村寨习惯法，乡老裁判或"神判"等都是村社习俗环境中有目的的带有制度性的民俗控制。

深山走出脱贫路

云南人口较少民族脱贫发展之路

翻身解放：中华人民共和国成立后的普米族

一步跨千年——"直过"的普米族

普米族是中国具有悠久历史和古老文化的民族之一，源于我国古代游牧民族氐羌族群，擅长饲养和放牧，信仰"苯教""韩规教"、藏传佛教。根据第六次全国人口普查（2010年年末），普米族人口有42861人，其中，云南普米族人口占全国普米族总人口的97.99%。1960年10月，国务院根据本民族人民的意愿，将其正式定名为普米族。由于普米族分布相对较分散，各地普米族中华人民共和国成立之前所处的社会发展阶段不一致，但大体处于原始公社末期，因此，一般认为普米族是云南地区的"直过民族"之一。

普米族先民是原来居住在今青海、甘肃和四川交会地带的游牧部落，后来从高寒地带沿横断山脉逐渐向温暖、低湿的川西南迁徙。公元13世纪中叶，一部分人被征召入元军，随忽必烈远征云南，元朝实现大一统后，征战云南的普米族人就在这里定居了下来，从此，普米族的先民逐渐结束了"逐水草而迁徙"的游牧状态，开始了农耕生活。时至今日，在普米族的生活习俗及民族文化中，仍能看到远古游牧民族的遗风，能够体味到他们对民族发源地——北方草原的孜孜眷恋。恶劣的自然条件一直阻碍着普米族的发展，同时，普通的普米族群众在中华人民共和国成立之前也深受封建地主及官僚的压迫和剥削，生活在水深火热之中。

中华人民共和国成立前，普米族社会发展滞后，生产力水平低下，与周围其他民族相比相对落后。普米族的社会经济制度基本上仍处于封建领主经济阶段，在宁蒗县，纳西族土司是这里最大的领主，也是土地的所有者。民国年间，由于土地转租、典当的盛行，土地逐渐集中到少部分人手中，部分失去土地的普米族百姓不得不从富裕户那儿租种土地，承受沉重的租佃剥削。

中华人民共和国成立后，普米族群众成了自己的主人，在中国共产党的带领下，逐渐摆脱压迫与剥削，开始过上了属于自己的幸福生活。

现如今，普米族主要分布在云南省西北部高原的兰坪白族普米族自治县和宁蒗彝族自治县，少数分布于丽江市玉龙纳西族自治县、永胜县、迪庆藏族自治州的维西傈僳族自治县、香格里拉市、临沧市的云县以及四川凉山彝族自治州的盐源县、木里藏族自治县，甘孜藏族自治州的九龙县等地，与当地其他民族杂居。

各地普米族有不同的自称，如兰坪、丽江、永胜的普米族自称"普英米"；宁蒗的普米族自称"普日米"或"培米"，"米"在普米语中的意思是人，"培""普英""普日"等是一音之转，都是"白"的意思，所以，普米的意思就是"白人"。普米族自称"白人"，与其自古崇尚白色、以白色象征吉利有关。普米语属汉藏语系的藏缅语族羌语支，有南、北方言之分。四川省的普米语属北部方言，云南省的普米语属南部方言。方言之间差别较大，通话困难。普米语的使用分三种类型：第一种是单纯使用普米语区；第二种是以汉语或其他民族语言为主，本民族语言为辅；第三种是藏族使用普米语。如今，年轻一代多用汉语作为日常交流语言。普米族没有本民族的文字，目前，普米族地区已普遍使用汉文。

普米族生活的地区处于横断山区，高山深谷密布，给普米族人民的生产生活造成了诸多不便。中华人民共和国成立之前，由于农业生产技术落后，普米族除从事农耕以外，还要大量地进行采集和狩猎，这样才能满足生活需求。同时，生产力的低下又造成普米族没有过多剩余物资。这就导致普米族聚居区没有形成定期的集市，很少有商品交换活动，一般是外地商人带着日常生活用品进入山区，走村串寨，挨家挨户地开展以物易物交换行为。后来，普米族人也有一些逐渐加入了季节性的赶马经商活动，这些赶马经商的人改变了自己的生活，也促进了普米族生活地区的发展，提高了普米族人的生活水平和意识。

中华人民共和国成立后，普米族获得了新生，一朝跃千年，进入了社会主义新时期。在党的领导下，普米族地区进行了清匪反霸、土地改革等运动，彻底推翻了封建统治阶级，分配了土地、牲畜，广大普米族人当家作主，劳动热情被充分激发出来，在党的政策支持下，普米族人生活水平逐步提高，普米族地区出现了前所未有的新局面。

 当家做主人——新生的普米族

中华人民共和国成立后，随着土地改革的开展，普米族和其他广大被压迫被剥削的劳动者一样，分得了土地等生产资料，经济上独立、地位上提高，成为国家的主人翁。普米族人民的生活也实现了质的飞跃。

 第一次飞跃：翻身解放与"自然"融入

1949年底至1950年2月，丽江地区丽江、永胜、宁蒗、华坪四县相继解放。普米族人民获得翻身解放。1956年民主改革后，在普米族人民居住地彻底废除了封建领主制度，普米族人民走上了社会主义道路，自此实现了当家作主的愿望。在滇西北的普米族地区也都建立了民族乡和合作公社，通过土地改革、恢复发展生产、实行互助合作等途径，对农民的生产生活进行了全面调整与改造，使其自然过渡到社会主义，普米族因此获得更好、更广阔的生存环境和发展空间。

经过1952年的土地改革和1956年的民主改革，普米族地区实现了土地集体所有制。这些改革释放了普米族人民的生产热情，他们积极兴修水利，进行农田基本建设，农业生产取得了很大的成绩，极大地改变了山区贫困落后的面貌。1960年，普米族被认定为单一的少数民族后，全族人民在党和政府的民族政策支持下，迈入了新的发展阶段。普米人以更加饱满的热情投入社会主义现代化的建设中。

 第二次飞跃：全面腾飞与"深度"融入

改革开放之前，普米族由于地处山区，以农林经济发展为主，加上受自然灾害等的影响，普米族人民虽然初步解决了温饱问题，实现了社会地位和经济地位的大幅提升，但是并没有能够完全摆脱贫困。特别是，在改革开放前并没有将丰富的自然资源、矿产资源以及文化资源转化为经济优势，这极大地阻碍了普米族地区的发展。

改革开放后，普米族地区丰富的矿产资源为普米族地区的经济社会发展提供了得天独厚的有利条件。尤其是自国家实施"西部大开发"以来，普米族地区

经济社会文化取得了长足发展，各种资源优势开始逐步转变为经济优势，推动着普米族地区社会文化的整体发展。2005年8月，中国四大铅锌生产基地之一的兰坪20万吨电解锌项目一期工程正式竣工投产。该项目标志着普米族地区经济产业逐步走上了现代企业制度发展道路，也带动着其他产业的发展，普米族开始"深度"融入社会主义社会，在经济、文化等领域实现了全面腾飞。

2005年，国务院办公厅出台了《扶持人口较少民族发展规划（2005—2010）》。云南作为少数民族大省也制定了相关政策，加大扶持人口较少民族发展的力度，并先后投入扶持人口较少民族发展资金1.19亿元，完成491个自然村的整村推进，提前使规划区域内1407个自然村全部得到了扶持。格瓦村正是被扶持的自然村之一。格瓦村紧紧把握政策支持的良好机遇，在省、市、县相关部门和乡党委、乡政府的大力支持下，逐步加强各项设施建设和推进村容村貌整治，使格瓦村实现了"年年有变化"。

普米族地区的教育和文化事业在新时期也取得了巨大成就。首先，各级学校在普米族聚居区相继成立，入学受教育人员不断增加，普米族群众受教育程度也逐步提高，文盲人口不断减少。其次，普米族地区的民族文化保护、抢救、挖掘、开发工作也取得了很大的成绩。2002年1月，兰坪成功举办了云南省首届普米族"吾昔节"文化研讨会，在研讨会上，专家提出了普米族"山岳生态文化"等新观点。2003年，兰坪推出了"东方情人节"——普米族万人情歌盛会，有力地宣传了普米族传统文化。普米族文学艺术也得到了蓬勃发展，涌现了一大批本民族优秀的作家、诗人，出现了诗歌《啊，泸沽湖》和大型音乐舞蹈史诗《母亲河》等一大批优秀的普米族艺术精品。

普米族地区丰富、独特的自然、人文和民族文化资源都是普米族经济社会文化发展的良好条件。中华人民共和国成立后，普米族人民在党的领导下，实现了长足发展。特别是随着"西部大开发"的深入，普米族地区的自然资源、文化资源都开始被高效利用，经济优势日渐凸显。在这样的情况下，普米族逐渐开始由"直过"向"腾飞"转变。但是群山阻隔、交通不便的现实，也制约着普米族地区的发展，表现在改革开放后普米族地区发展速度明显落后于国内其他地区。发展的差距逐步让普米族聚居区成为国家级的深度贫困地区，"小康"之路逐渐变得不再畅通。对于这样的情况，普米人内心焦急，党和政府同样焦急。党和政府一直把普米族地区的发展放在心上，为了解决这样的问题，从多种渠道、用多种方式致力于解决普米族人面临的困境，帮助他们实现全面发展。

 新的历史契机：迈向辉煌与"巧妙"融入

随着中国特色社会主义新时代的到来，脱贫攻坚到了收官之际，乡村振兴的冲锋号角也被吹响，格瓦村的发展又迈向新的历史辉煌。

2016 年，拉伯畜禽专业合作社主动同村"两委"班子商议，在广泛征求村民意见和实地考察的基础上，提出了"村集体＋党支部＋合作社＋农户"的产业发展思路，投入项目资金 400 万元用于发展高原鸡养殖项目。2018 年，随着"宁蒗高原鸡"（拉伯高脚鸡）被列入《国家畜禽遗传资源目录》，格瓦村又加大投入项目资金用于发展高原鸡养殖产业。目前，拉伯乡宁蒗高原鸡专业养殖合作社形成种苗繁育基地 1 个、养殖基地 6 个，带动农户 248 户，年销售收入 1000 万元左右。

在持续脱贫攻坚的努力下，格瓦村贫困户逐渐减少。2019 年，格瓦村整村脱贫出列，建档立卡贫困户 163 户 681 人，除 2 户 6 人未脱贫外，其余建档立卡户全部脱贫出列。此外，格瓦村也在不断改善基础设施和人居环境，经过党员干部和全体村民的共同努力，取得了重大的成效，在 2019 年和 2021 年，分别被评为国家森林乡村和入选云南省 2021 年度美丽村庄建议公示名单（州市美丽村庄）。

除经济发展之外，格瓦村在和谐族际关系的发展上也迈进了一步。在中国特色社会主义新时代，以习近平同志为核心的党中央创新发展党的民族理论，提出铸牢中华民族共同体意识。格瓦村各民族牢固树立中华民族共同体意识，通过开展宣讲活动引领党员干部、村民强化对中华民族共同体意识的理解，积极宣传、践行党的民族政策，塑造团结一心谋发展的和谐文化环境。此外，各民族之间日常交流也变得更加频繁。随着 2019 年格瓦村实现全村脱贫之后，每天晚饭后，许多普米族村民都会身着本民族服饰，到活动广场上同当地各族群众载歌载舞。他们说："现在日子好过了，村里的各族同胞都喜欢在一起唱歌跳舞，各民族相互帮助、和睦共处，在相互交往、互相交流中，大家的关系变得更密切了。"民众通过民族间的文化交往与日常生活中的节日与民俗的共享方式增进了情感认同，在相互亲近中使各民族凝聚在一起。在中华民族共同体意识的凝聚下，格瓦村各民族亲善相依，相濡以沫，风雨同舟，共同携手向共同富裕迈进。

39

深山走出脱贫路

云南人口较少民族脱贫发展之路

美丽的贫困：普米族长期贫困的原因分析

　　普米族的先民在长期的迁徙过程中，面对特殊的自然气候条件，在不断协调与环境相适应的谋生过程中创造了独树一帜的普米族文化，它融北方草原森林文化之元素，也包含大河文化的成分以及与其他民族文化长期融合而生的成果。其文化特质是建立在信奉"万物有灵"的信仰基础之上的人与万物生灵之间平等与博爱的和谐文化；它是人在与自然长期和谐共处的过程中找到适合自己生存和发展的生活模式，即成功的山地经济成果上的精神印记。不论他们的宗教信仰，还是歌舞艺术，不论是他们的生活方式还是行为规范，都闪现出人与自然的亲和印记，这就是他们的文化精髓——普米族"山岳生态文化"。

　　普米族所在自然地理环境是典型的高山高原地形，地表起伏较大，包括"两山夹一谷"，即云岭和怒山山脉中间有澜沧江谷地，多高原形态的山间地，山河相间，澜沧江、金沙江、怒江三江水系支流众多，形成雪山峡谷、三江风光等神奇壮丽的自然景观，是普米族山货药材与生计劳作的宝库。普米族居住地区拥有大量原始森林，植被与林木种类众多，更有众多珍稀植物、动物种类在此环境安然生存。由于分布和生活在温带半湿润地区，该地河谷、半山区、高山各有不同的温度和气候，形成了立体气候特征，这对普米族生态民俗的生成与发展具有基础支配作用。普米族各种生活需求：服饰、饮食、居住、劳动方式、民间信仰、人际礼仪等，都是适应当地自然环境而形成的生态文化系统。

41

　　对自然的敬畏、对生态的保护，给普米族人留下了美丽的山川河流，但在改革开放数十年来国内发达地区快速发展的潮流中，普米族和云南许多崇尚自然的少数民族一样，在经济发展、基础设施改善等方面的差距越拉越大。回顾中华人民共和国成立以来普米族地区的发展，在各级政府的大力扶持下，通过不断开拓创新、艰苦奋斗，普米族地区在教育、经济社会和生产生活条件方面得到极大改善和提高。但由于历史、自然、文化和其他诸多方面因素的影响，普米族地区仍然存在许多问题，极大地制约了其经济社会的发展。

基础差、产业弱

抓好基础设施建设，是促进贫困地区经济整体发展的最基本条件，但由于资金的缺乏，河西乡基础设施尤其是交通、水利等基础设施建设严重滞后，道路崎岖，弯多路窄，公路等级低，状况差，与外界连接均为三级以下公路。列入规划的 175 个村中，目前还有 11 个村 353 个自然村不通公路，12 个村 221 个自然村不通电，45 个村 550 个自然村未解决人畜安全饮用水问题，有效灌溉面积仅为 20%。从普米族居住的 5 个村子来看，基本实现了人畜分居，解决了人畜饮水问题，但是道路建设仍需加强，在向阳村这样的自然村，电力及道路仍旧处于不通状态。

薄弱的基础设施严重阻碍了普米族聚居区社会经济的发展。自改革开放以来，我国社会经济的不断发展，使我国贫富差距被越拉越大，被国际上称为不平等发展最快的国家。改革已经无法满足当前社会各群体对经济收入的需求。普米族聚居区由于其地处偏远，交通也不够方便，导致基础设施建设不够完善，发展速度相对比较慢，其社会经济的发展也因基础设施落后被严重阻碍，导致普米族聚居区社会经济无法保证平稳、匀速发展，普米族聚居区社会经济的发展无法得到很好的保障。

普米族主要从事种植业以及养殖业。其 90% 以上的耕地为山地，水田相对比较少，基本上保持在一个自给自足的自然经济状态中。同时，普米族原本是游牧民族，对于饲养和放牧相对比较擅长，所以畜牧业在普米族的生产生活中占据相对重要的地位。根据相关调查资料显示，自改革开放以来，丽江玉龙县第一产业和第三产业对其经济增长的贡献率相对比较低，而第二产业贡献率相对比较高，产业结构由 2022 年的 21.9：32.4：45.7 调整为 21.1：33.7：45.2，第二产业的比重增加了 1.4 个百分点。由此可见，普米族产业结构存在着不合理的现象。第一产业相对比较滞后，第二产业发展相对比较快，第三产业发展相对比较慢，再加上普米族聚居区特殊的地理位置，交通相对比较不方便，导致其产业结构调整相对比较慢，严重阻碍了普米族聚居区各类产业的平衡发展。

综上所述，普米族聚居区贫困严重，脱贫任务重。相关调查研究资料显示，我国各个群体经济收入差距相对比较大，贫困差距也有着极大的差别。丽江玉龙

县普米族聚居区虽然有丰富的动植物资源、矿产资源、水能资源、旅游资源以及人文资源，但是由于地处偏远，山区相对比较多，交通相对不方便，导致其农业基础相对比较薄弱，并且长期处于传统农业阶段，其社会经济与科教文卫的发展相对比较滞后，其贫困程度相对比较严重，脱贫任务相对比较重。

学历低、文盲多

普米族对文化教育非常重视，尤其重视儿童的教育。自改革开放以来，党和国家非常重视我国少数民族的文化教育事业，在普米族聚居区开办了一批初级小学。但由于其独特的地理位置，多数普米族年轻人去了我国经济较为发达的地区谋求发展，导致普米族聚居区文化、教育、卫生事业的新鲜血液相对比较少，造成其文化教育卫生事业发展困难严峻的形势。投入相对比较大，而收获相对比较小。

贫困农户劳动力受教育程度普遍不高，2008 年，对 47 户普米族农户进行调查，普米族的文化程度如下：文盲有 5 人，占 10.64%；小学程度有 17 人，占 36.17%；初中程度有 18 人，占 38.30%；高中程度有 4 人，占 8.51%；大学（大专）以上有 3 人，占 6.38%。可见文盲、半文盲占近一半比重。根据人力资本理论分析，劳动力文化素质是收入最重要的影响因素之一，文化程度高的劳动力容易接受和利用社会各种信息，适应性广，劳动力在向其他行业流动时也容易被接纳，而普米族劳动力普遍素质较低，没有竞争优势，导致扩大就业和向非农业转移劳动力的机会减少和丧失。

收入低、生活差

根据 2007 年云南省兰坪县河西乡政府工作报告统计：河西乡有 13 个村民委员会，乡村总人口有 16651 人，少数民族人口有 15143 人，其中普米族人口有 3618 人，占少数民族人口的 23.90%；集中分布在箐花、大羊、三界和联合村，这 4 个村普米族人口达 3439 人，占全乡普米族总人口的 95.05%，占 4 个村总人口的 67.83%。从河西乡 2007 年政府工作报告得到如下数据：2007 年底，

4 个村经济总收入达 1226 万元，占全乡家庭经济总收入的 29％。人均所得收入 1105 元，人均生产粮食 472 千克，人均占有粮食 324 千克，共有 23 个村民小组 858 户 3432 人解决温饱。

2008 年，在对河西乡 5 个普米族聚居村进行走访调查中，共填写了 47 份调查问卷。在这 47 名受调查的普米族农民中，男性 34 人，占调查总体的 72.34％；女性 13 人，占调查总体的 27.66％。从家庭人口看：1~4 口的受访者有 17 户，占 36.17％；5~8 口有 29 户，占 61.7％；9~12 口有 1 户，占 2.13％。从年现金收入看：普米族每户年均纯收入 1000 元以下有 8 户，占 17.02％；1000~1499 元有 13 户，占 27.66％；1500~1999 元有 1 户，占 2.13％；2000~2499 元有 12 户，占 25.53％；2500~2999 元有 2 户，占 4.26％；3000~3499 元有 5 户，占 10.64％；3500~3999 元有 0 户；4000 元以上有 6 户，占 12.76％（其中，3 户过万），占 6.38％。根据收入的调查，普米族农户的收入来源较单一，主要来源于家庭经营的种植业与养殖业。种植业主要是生活必需的粮食以及一些经济作物，例如：秦艽等中草药。养殖业主要是对猪、牛、羊的饲养。从收入的货币化来看，普米族的现金收入不高，尤其是只从事种植业的农户，基本上年现金收入为 500~800 元；从事养殖业的农户现金收入相对高于前者，年现金收入最高的为 5000 元左右。普米族农民人均经济所得收入由 2003 年的 868 元增加到 2007 年的 1105 元，农民人均粮食产量由 2003 年的 284 千克增加到 2007 年的 324 千克。从全国平均水平看，2007 年全国人均粮食产量为 379.5 千克，可见普米族农民生活水平有一定的提高，但还处于贫困落后阶段。

从 2008 年对河西乡普米族农户走访调查中得知，贫困农户生活消费水平低，勉强维持温饱，食物消费主要来源于自给性生产。低收入农户恩格尔系数高于国际公认的 59％以上。普米族农民贫困及低收入农户的生活消费特征，主要表现在以下几个方面。

（1）贫困农户家庭设备数量少，档次低。在调查的 47 户普米族家庭中，只有 1 户有电饭锅，27 户有电视机，7 户有电话；洗衣机、冰箱、摩托车、拖拉机等在受访者家中均无。

（2）自然村贫困农户数量要多于行政村，生活消费水平低于行政村农户。在受访农户中，有 30 份来自自然村的农户家庭，这些家庭生活水平普遍低下，且年均每户现金收入最低为 500 元，在购买衣服、食品、交通通信费用、文教娱乐消费、医疗保健费等各项支出均低于行政村农户 20％以上。

（3）普米族低收入农户衣食消费水平低，勉强维持温饱。普米族低收入户是返贫农户的主要来源，严格来说，按国际贫困标准，受访的 47 户普米族农户中有 44 户属于贫困户。从穿的方面看，普米族低收入农户衣着消费每年人均只有 40 元左右，仅相当于全国农户平均水平的 37.50%。从吃的方面看，普米族低收入农户食品消费水平不高，主要表现为副食品消费水平低。其中在受访的 47 户农户家中，肉禽及制品每顿都能吃上的仅有 2 户，占 4.25%；经常吃的仅有 10 户，占 21.28%；几天才吃的有 27 户，占 57.45%；过年才吃的农户有 8 户，占 17.02%；此外，普米族低收入农户食品消费主要来源于自给性生产，商品性的食物消费较少，食品现金消费支出仅占食物消费的 32% 左右，比全国农户低 30 个百分点。

（4）普米族低收入农户住房条件差，耐用消费品少。在调查中发现，普米族房子是土木结构或者木质结构，面积相对来说比较大，但是年久失修，多数存在居住的安全隐患。在受访者中，有 19 户认为他们居住的房子经受不住地震，占 40.43%；有 32 户认为其房子经受不住暴雨的考验，占 68.09%；还有 12 人认为火灾是房子的隐患，占 25.53%。由于普米族农户的收入有限，缺乏对中高档耐用消费品的支付能力，各种耐用消费品数量少、档次低，除电视机等耐用消费品普及率相对较高外，其他耐用消费品的拥有量与全国平均水平的差距都相当悬殊。

（5）普米族低收入农户文教消费支出少，社会服务水平低。在调查的农户中，低收入户生活消费中，除维持基本生活外，用于精神文化生活的很少。从非商品性的支出构成看，上学的生活费和医疗费两项就占了近半数，加上电费等必需的生活服务费开支，实际可用于文化和其他生活服务的支出所剩无几。

普米族农民自古以来与外界来往较少，几乎处于与外界隔绝状态，外界对普米族的影响甚微，近几年来有所改善。普米族人习惯于过自给自足的自然经济生活，几乎保持了传统的民族生活规律和生活习惯，外界的文明也很难对普米族有所冲击。今天，普米族农民的生产基本上还处于自然经济状态，商品经济的意识不强，商品经济发展极度缓慢。"木头卖根，水果卖筐，喂鸡换油盐，养猪为过年"是普米族农民生产生活的真实写照。

深山走出脱贫路

云南人口较少民族脱贫发展之路

2013 年 11 月 3 日，习近平总书记来到湘西土家族苗族自治州花垣县排碧乡十八洞村，同村干部和村民代表围坐在一起，亲切地拉家常、话发展，在这里他首次提出"精准扶贫"。习近平总书记表示，扶贫要实事求是，因地制宜。要精准扶贫，切忌喊口号，也不要定好高骛远的目标。党的十八大以来，面对全国仍有众多贫困地区的现实，党中央、国务院高度重视，以习近平同志为核心的党中央领导集体，决定利用"十三五"在全国掀起一场脱贫攻坚战，解决现有的贫困地区发展和贫困人民生活困难的问题，带领全国人民一起全面奔小康。

云南省扶贫办主任黄云波介绍，脱贫攻坚战全面打响后，云南把 9 个"直过民族"和 2 个人口较少民族列入脱贫先行攻坚计划，因地制宜，因族施策，精准帮扶，创新实施"一个民族聚居区一个行动计划、一个集团帮扶"攻坚模式，推动"直过民族"聚居区实现"千年跨越"。长期以来，因生存环境恶劣、生产方式落后、生产力水平较低，经济社会发展基础差、底子薄、起步晚，普米族群众贫困问题十分突出。自脱贫攻坚战打响以来，普米族聚居地区优势产业得到扶持，基础设施得到完善和加强，教育事业得到发展……2020 年 4 月，普米族实现历史性的整族脱贫。

 ## 政府主导，发动一切力量帮助脱贫

宁蒗俗称"小凉山"，基本县情可以概括为"山、少、偏、穷、特"，属国家扶贫开发重点县和云南省 27 个深度贫困县之一。宁蒗县普米族主要居住在翠玉、拉伯、永宁、红桥、金棉、大兴、新营盘、西川、宁利、战河 10 个乡（镇）37 个村委会（社区）280 个自然村，共 4206 户 13803 人，共有普米族建档立卡贫困户和普米族聚居村（30 户以上）非普米族建档立卡贫困户 1063 户 4218 人，其中普米族建档立卡贫困户 879 户 3540 人，普米族聚居村（30 户以上）非普米族建档立卡贫困户 184 户 678 人。

长期以来，宁蒗县普米族群众因生存环境恶劣、基础设施差，教育、医疗、产业发展落后等诸多原因，贫困面大、贫困程度深。①普米族地区生产力发展水平低，贫困户因学、因灾、因病等致贫因素多元交织，贫困表现出极端化和整体性。②普米族群众社会发育程度低，人才资源极度匮乏。由于历史的原因，宁蒗普米族教育水平落后，人口素质偏低，人才数量少、质量低，特别是科技人才和专业技术人才（教师、医生）严重缺乏，远远不能满足健康扶贫、教育脱贫的急迫需要。③经济基础薄弱，基础设施欠账大。普米族地区经济发展起步晚、基础差、底子薄，经济总量不大、发展不快、结构不优，支柱产业尚未形成集群，基础设施薄弱。④产业发展弱。普米族地区产业结构不优，发展层次不高，链条偏短，各项发展严重滞后，规模偏小，物流、商贸等新兴产业发展缓慢。

1.措施、做法

2016 年以来，三峡集团真金白银投入、真心实意帮扶，累计投入帮扶资金 2 亿元，实施了宁蒗县人口较少民族普米族精准脱贫攻坚项目。宁蒗县紧扣"两不愁三保障"目标，结合普米族贫困群众实际情况，因地制宜制定《云南省丽江市宁蒗县普米族整族帮扶精准脱贫攻坚实施方案》，将所有资金、项目聚焦普米族建档立卡贫困人口，帮扶资金主要投向提升素质能力、安居房建设、培育特色产业、改善基础设施、生态环境保护等项目，并制定普米族到户项目扶持政策：普米族建档立卡贫困户帮扶到户资金 7 万元（其中：提升人居环境补助资金 1 万元，产业发展奖补资金 1 万元，危房改造补助资金 5 万元）；普米族聚居村（指普米族户数在 30 户以上村组）的非普米族建档立卡贫困户帮扶到户资金 6 万元（其中：提升人居环境补助资金 1 万元，产业发展奖补资金 1 万元，危房改造补助资金 4 万元）；享受易地搬迁政策的普米族贫困户和普米族聚居村的非普米族贫困户，除享受 1 万元三峡帮扶资金外，不再享受三峡集团其他帮扶资金及政策。

宁蒗县委、县政府把三峡集团帮扶项目作为全县打赢脱贫攻坚战的突破口，精心策划、组织实施普米族精准脱贫工作：

（1）切实加强组织领导。成立普米族整族帮扶项目建设领导小组，由县委书记、县长任双组长，全面加强组织领导。三峡集团先后派出一批干部深入宁蒗县开展帮扶，并指定专人负责项目督查、管理和服务工作。先后选派多名驻村扶

贫工作队员到普米族聚居村开展驻村帮扶，对 879 户普米族建档立卡贫困户实现干部结对帮扶全覆盖。

（2）精准锁定扶贫对象。通过开展多轮的贫困对象精准识别动态管理，精准锁定 1063 户 4218 人的建档立卡贫困人口，扣好了精准扶贫"第一粒纽扣"。

（3）切实加强项目管理。到户类扶贫项目充分发挥贫困户的主体作用，采取农户自建、自购，乡（镇）全程指导，行业部门提供技术指导，乡村两级负责验收，补助资金通过"一卡通"直接补助到户。工程类扶贫项目严格执行项目公告公示制度、招投标制度，项目实施过程公开公示，自觉接受社会和群众监督。实行扶贫项目监督管理业务指导、监督检查、项目验收、结算报账等"一站式"协调服务，确保项目有序推进，资金安全高效运转。

（4）注重激发内生动力。一是加强教育，引导贫困群众远离等、靠、要思想，激发靠双手改变命运的积极性，推动农村移风易俗；二是开展技能培训，实现每个贫困家庭劳动力至少掌握一门增收致富技能；三是改进帮扶方式，重点鼓励支持各类市场主体和贫困群众以订单帮扶、产业捆绑等形式，建立完善利益联结机制，最大限度激发贫困户潜能，提升贫困群众的参与度和获得感。

2. 取得的成效

三峡集团帮扶宁蒗县人口较少民族普米族精准脱贫攻坚项目覆盖全县 10 个乡（镇）37 个村委会（社区）280 个自然村，使 1063 户 4218 人的建档立卡贫困人口受益，其中：普米族建档立卡贫困人口 879 户 3540 人，非普米族建档立卡贫困户 184 户 678 人（属于 30 户以上普米族聚居村的其他民族贫困人口）。

（1）发展基础全面夯实。投入三峡资金 12957.46 万元实施了道路、饮水、文化活动场所等一批补短板项目。通过三峡集团帮扶项目的实施，使全县普米族聚居村的基础设施得到极大改善。实现了有通村达户硬化道路、有村组活动室、有垃圾处理池、有整洁卫生公厕、有安全饮用水的目标。

道路方面，宁蒗县大部分普米族聚居村由于处于高山深谷中，与外界交通仅依靠土路相连，雨阻晴通，通达条件极差。三峡集团帮扶宁蒗县普米族聚居村组实施道路硬化工程总长 224.58 千米、使 89 个普米族聚居村的交通晴通雨阻的现象彻底消除。

例如：西川乡金型村的建档立卡贫困户熊乔保，全家 5 口人，2016 年前居住地不通公路，日常出行主要靠一条羊肠小道与外部连接，生产生活物资的采运依赖马帮驮运，由于不通公路，熊乔保无法修建砖瓦房，甚至无法进行院坝地坪硬化。住的房屋是土坯房，厢房是木楞房，人畜混居，整栋房屋陈旧、简陋，光线阴暗，除一台电视机外，没有现代社会的气息。熊乔保居住的金型村被列入 2016 年三峡集团资金帮扶的普米族脱贫建设计划，2017 年 3 月，通往熊乔保家的入户公路全长 430 米的水泥路修通，在三峡集团资金帮扶下，熊乔保自筹了一部分资金，修建了一栋砖混结构的新房，正房 4 间，用作卧室，面积不低于 80 平方米，室内安装地板砖，院坝内修建太阳能洗澡间、厕所，畜厩搬至院墙外面，实现人畜分离，像城里人一样，过上了文明、卫生、便捷的新生活。熊乔保特意选择在 2017 年 3 月 2 日乔迁新居，他说是为了记住 2016 年 3 月 2 日三峡集团公司把普米族列为整族帮扶精准脱贫对象这一有历史意义的日子。

饮水方面，宁蒗县普米族部分聚居村没有通水，饮水依靠人背马驮，人畜饮水非常困难。通过三峡集团帮扶，铺设管道 308.5 千米、新建水池 206 个，使 26 个普米族聚居村的 4239 人改善了饮水困难，解除了制约生活水平提高和生产发展的瓶颈，告别了吃水靠人背马驮的历史，家家户户喝上了干净自来水。

例如：西川乡金型村建档立卡贫困户胡阿八，家庭人口 5 人，其中 3 名孩子在上学。之前，由于不通饮用水，生活用水靠人背马驮，靠天吃饭，家庭穷困。2017 年，三峡帮扶建设了安全饮水工程，现在除生活用水得到保障外，余水还可用于浇地，使 110 株花椒树得到浇灌，提高了产量。2018 年，花椒收入达到 2.7 万元，加上其他收入，全年收入在 4 万元以上，一举摘掉了建档立卡贫困户的帽子。

（2）产业扶贫成效初显。着眼于夯实发展后劲、增强"造血功能"、实现稳定脱贫、恒久脱贫，实施了精准到户产业发展项目。从三峡集团帮扶资金中安排产业发展专项资金 978 万元，县财政整合涉农资金和扶贫专项资金 30.44 万元进行配套，按照户均 1 万元奖补的标准对普米族建档立卡户发展产业给予资金扶持，落实 285 户贫困户产业扶贫小额贴息贷款 1425 万元，使贫困户掌握 1～2 项实用技术，有 1 项以上长期稳定的增收项目。组建新型经济合作组织 58 个，鼓励龙头企业利用"企业（公司）+ 基地 + 农户"发展模式，把 876 户 3594 人的普米族贫困人口放到三次产业发展链条上增收致富。通过几年的发展，2018 年，普米族贫困人口的人均纯收入达到 6815 元，增长率为 84%。

例如：普米族贫困户胡利春，系翠玉乡官田村委会茅坪村小组村民，家庭人口 6 人，两个孩子上小学。因原有住房遭受意外火灾致贫。自三峡集团扶持以

来，该户积极响应国家政策，重建房屋，种植烤烟 20 亩，2019 年收益 6 万元。种植青椒、花椒 8 亩，2019 年收益 1.4 万元。2017 年，摘掉了建档立卡贫困户的帽子，走上了脱贫致富路，成了村里贫困户争相学习的脱贫致富榜样。

（3）居住条件空前改善。三峡集团投入 3973.32 万元，按照人畜分离、厨卫入户的标准，对建档立卡贫困户 C、D 级危房进行修缮加固和拆除重建，使 1046 户普米族贫困户彻底告别了危旧房，告别了传统的普米族群众的土掌房、权权房、木楞房，搬进了抗震安居房。

例如：拉伯乡普米族贫困户和继亮，因缺劳力致贫，通过精准扶贫农业种植养殖培训，学会了新的科学养殖技术，通过发展养殖业有了持续稳定的经济收入，还新建了 110 平方米安全稳固的安居房，改变了人畜混住的生活方式，成为村里"脱贫攻坚自强不息 感恩教育活动"的排头兵，用自身脱贫致富经验来影响、鼓舞村里的各族同胞。

（4）教育扶贫斩断穷根。三峡集团投入 70 万元开办普米双语教学班 4 个，在教育中既注重基础课程，同时学习双语，提高了普米族学生的学习能力，使 200 名边远贫困地区的普米族学生受到良好教育。捐资 100 万元新建翠玉乡春东完小，捐资 38 万元帮助 190 名贫困大学生圆了大学梦。

3. 经验、启示

（1）抓组织保障。宁蒗县把集团帮扶工作放在更加突出的位置来推动，把精准扶贫、精准脱贫作为头等大事和第一民生工程来落实。及时调整充实以县长为组长的工作领导小组，积极与上级部门汇报衔接，制定分年度工作方案，坚持帮扶工作项目化、项目推进责任化、责任落实精准化，把工作目标任务具体量化到乡、到村、到户、到人。

（2）抓规划引领。宁蒗县按照省、市扶贫部门及帮扶企业的要求，抓住重点，坚持把规划工作摆在突出位置，牢固树立规划先行的理念，注重增强规划的前瞻性、统筹性和严肃性，切实发挥规划的引领调控作用。及时组织相关单位认真调研，科学规划《三峡集团帮扶宁蒗县人口较少民族脱贫攻坚行动计划实施方案》等系列规划方案。保障各项建设项目严格按规划实施，切实维护规划的严肃性、权威性和社会公众利益。

（3）抓责任落实。宁蒗县委、县政府作为主体责任单位，负责组织统筹安排全县人口较少民族脱贫攻坚工作。各乡（镇）党委、政府作为项目实施单位，

51

负责项目规划，并保障项目的顺利、有序实施。县扶贫办负责监督、检查、验收等工作。县级行业部门负责资金的有效整合，技术指导等工作。扶贫帮扶干部负责为贫困户谋发展、提思路，进一步理清了思路，细化了责任。

（4）抓沟通协调。积极同三峡集团、云南省扶贫办和丽江市委、市政府等上级部门就帮扶项目推进、项目资金落实、项目检查验收等工作进行沟通协调，切实解决帮扶工程中遇到的困难。通过建立有效的沟通协调机制，有力地推动了各项工作。

（5）抓资金安全。进一步强化资源整合，最大限度地整合其他部门和行业资金，明确部门责任，形成全县各级各部门齐抓共管的工作局面。同时，认真落实项目资金管理制度，实行财政专户管理，强化资金监管，确保帮扶资金精准落实到村、到户、到人，最大限度地提高帮扶资金使用效益。

（6）抓项目落地。严格执行《扶贫项目资金管理办法》，进一步优化财政报账制度、审计制度、监督检查制度、公告公示制度，确保扶贫项目精准落实到村、到户。

（7）抓宣传力度。做好群众的广泛宣传动员，发挥群众主体能动作用。开设县、乡、村宣传专栏，采取多种形式宣讲集团帮扶政策，收集挖掘帮扶工作中的好典型、好经验、好做法，协调省、市、县新闻媒体单位，利用各类媒体平台，加大宣传力度，形成全社会关心支持参与脱贫攻坚的良好氛围。

精准施策，因地制宜全面攻坚

要实现一个地区一个民族的脱贫，必须要有针对地方区域的政策措施，各级党委、政府的挂帮干部与当地的村社干部认真分析村情、社情，结合实际，制定符合村情社情的脱贫方案。

2017年6月，国家对建档立卡评定进行严格的规定，紧紧围绕"两不愁三保障"，对所有农户做到应纳尽纳，应退尽退，该剔除则剔除。将县乡动态管理方案在普米族地区和全县同步，在村内开展动态管理工作。

（1）在各小组中开展声势浩大的宣传发动工作，把动态识别的相关政策、标准宣传到每家每户，做到家喻户晓。

（2）在宣传会议上提出，有困难需要帮助的农户主动提出申请，驻村工作

队及村委班子成员则根据农户提出的申请进行入户调查，摸清农户的基本情况、收集好相关的资料；在摸清农户情况的基础上，村委班子根据调查情况初步拟定出建议名单，提交党员、户主会议进行评议，经过评议后提交村"两委"议定。

（3）村"两委"议定进行村级公示，5天后召开村民代表大会，对公示期间的变化进行研究、对村"两委"议定的名单一并进行决议，决议结果立即上报乡党委、政府，乡镇审核合格后上报县政府，县级复核后张榜公布。最后，将准确的数据录入国家扶贫系统，发放帮扶手册。不论在哪个阶段有遗漏、举报都及时进行复核，遗漏的及时补报、错误的及时剔除。通过这样层层把关，把数据了解清楚，农村情况掌握准确，为下一步开展脱贫工作打下了坚实的基础。

在党中央、国务院的统筹部署下，云南省政府组织了大批力量开始解决省内的贫困问题，全国联动、各界参与。在党和国家精准脱贫攻坚政策大力推动下，普米族群众也纷纷加入脱贫攻坚的行动中来，外部帮助、内部协力，普米族人民的生活居住环境和条件等也开始日渐好转。最重要的是，在各方力量的帮扶下，普米族人的热情和信心被重新激发，大家积极踊跃参与到脱贫攻坚的工作中，配合各扶贫工作队的工作。五年来，普米族生活地区发生了翻天覆地的变化。毫不夸张地说，村村寨寨换新颜，家家户户奔小康。

小凉山地区的宁蒗县普米人

地处大小凉山地区的宁蒗县是普米族主要聚居地之一，脱贫一度成为当地发展最重要的任务。宁蒗县解放晚，长期以来国民经济缺乏支柱产业支撑，建设资金短缺，交通基础设施落后，长期闭塞；劳动者科学文化素质普遍偏低；民族众多，社会发展背景特殊，生活在这里的不同民族分别从中华人民共和国成立前的农奴制、原始共耕制、封建领主制等社会形态一步跨千年，直接过渡到社会主义社会。虽然社会形态发生了转变，但是人们的思想意识转变较慢，社会发育相对滞后、文明程度不高、教育发展迟缓，影响了当地发展。2014年末，全县贫困发生率为35.43%，有82个贫困村（其中深度贫困村61个），建档立卡贫困人口18833户81724人。宁蒗县普米族主要居住在翠玉、拉伯、永宁等10个乡（镇）37个村委会（社区）280个自然村，共4206户13803人，享受三峡集团帮扶的普米族建档立卡贫困户795户3338人，聚居村非普米族建档立卡贫困户148户577人。

脱贫攻坚工作开展以来，从民众的切身需求和实际情况出发，本着自愿原则，开展易地扶贫搬迁工作。最终，宁蒗县有 3024 户 12676 人进行了易地扶贫搬迁，其中就包括不少普米族家庭。易地搬迁后，政府也对普米族的生计进行了安排，让人民有房住、有钱赚，真真正正地过上小康生活。

除精准的易地扶贫搬迁之外，党和政府还指导各扶贫工作队开展"技能扶贫"和"转移就业扶贫"，有计划、有组织、有步骤地开展培训，实施劳动力转移工程。大力开展产业扶贫，发展特色经济。加大对贫困乡村和贫困户的中长期贷款投放力度。政府先后投入 4.07 亿元，填补教育空白和完善教育短板，做到扶贫先扶智和志。随着教育体系的完善，教育扶贫政策和措施的逐步推进，普米族群众也将逐步迈入更加稳定、高效的发展阶段，普米族群众幸福感、满足感空前高涨。这一切的发展与进步无疑都是中国共产党领导在新的时代背景下所展现出的新面貌和新变化，也是普米族群众积极配合落实党的各项政策，实现自身发展的体现。

"要想富，先修路。"宁蒗县自脱贫攻坚以来，大力开展交通建设，建成泸沽湖机场，并开通多条航线。县城东过境线建成通车，宁永高速公路全面开工建设，泸沽湖大道工程正全力推进等。特别是"村村通"工程的实施，改善了山区各族人民的出行条件，包括普米族在内的各族群众受交通改善的影响，开始积极参与到县内外的建设和发展中。道路和住房的改善仅仅是发生在普米族聚居区最直观的改变，这些改变背后是普米族和各族群众共同拥护和执行党和政府的政策、配合党和政府工作的最佳成果。

宁蒗县的牛窝子村是全国普米族最大聚居村，有 230 户 800 人，普米族人口占到 95%，其中普米族建档立卡户 28 户。该村位于宁蒗南部，距宁蒗县城 20 千米，交通较为便利，平均海拔 2500 米，属冷凉气候。中华人民共和国成立前，这里的普米族人民处于原始公社末期，属于较典型的"直过民族"。中华人民共和国成立后，这里的村民成为主人，开始积极开展各项生产活动，使当地获得了一定的发展。农业生产以种植业为主，主要作物有玉米、土豆、荞子等。经济果木主要以苹果、梨子为主。民居以普米族传统民居木楞房为主，少部分农户建有砖瓦房。语言习俗保留较为完整。

中华人民共和国成立后，牛窝子村生活条件虽然有了很大改善，但是受当地具体条件的限制，当地的民居仍是原始的人畜共居格局，上层住人，下层关畜。这种居住结构虽然适应当地的自然条件，能起到缓解用地紧张的作用，但卫生条

件差，对人的健康有一定危害。同时，房前屋后堆放的农具、畜具、生活用具等杂乱无序，影响村落的整体面貌，有时也会引发安全事故，影响着人们的生活。同时，受地形条件的影响，全村道路处于一个滑坡体内，道路终年泥泞，路面坑洼不平，极大地影响着村落风貌，更影响村庄发展。

2016年，通过实施特色民居、基础设施建设、产业发展、劳动者素质提升、环境整治等扶贫帮扶项目，这个全国最大的普米族聚居村发生了巨变。通过人畜分离、瓦屋翻新、墙体喷漆、安装喷绘具有民族特色的标识物等方式，让全村所有民居都焕然一新，整体村貌也变得清爽整洁，彰显出浓郁的民族文化特色。修建村组道路，硬化村道10.5千米，修建公路桥梁2座，使全村实现了入户道路硬化全覆盖，极大地改善了公路通达家户的条件。为了解决用水难的问题，村里建设了总长25820米的引水管道和多个大小不一的蓄水池，将纯净安全的水引到每家每户，彻底解决了千百年来人们生活的最大困难。

有了水，人们的生活变好了。有了水，产业也可以发展了。全村"一村一品""一户一业"的产业规模迅速兴起。贫困群众在新经济组织的引导下，种植苹果、梨等经济林木602亩，初步形成依靠产业发展支撑脱贫致富的格局。现在的牛窝子村经过一系列的帮扶措施和村民的努力，村寨美了、生活好了、未来有盼头了、

巴尔巴松泽尔住上了安全坚固具有普米特色的安居房
（图片来源：宁视新闻网）

幸福感强了，并且成为丽江市具有代表性的民族团结进步示范村、生态文明村、产业示范村、脱贫致富新农村。

木底箐新村位于宁蒗县永宁镇，这里同样是一个普米族聚居的村寨。巴尔巴松泽尔家过去也是一户贫困户，近些年来在党的领导和三峡集团帮扶下，巴尔巴松泽尔和同村村民从木底箐水库附近搬到了木底箐新村。"这几年，我们家在三峡集团的帮助下，住进了好房子，过上了好日子。"现在的木底箐新村，是一个具有普米族建筑风格的安居新村，全村建筑按照普米族传统民居的样式进行打造。新房子还都安装上了太阳能热水器，实现了人畜分院。这种新式民居既保留了普米族特色，又从舒适性、卫生性方面极大地满足了人们生活的需要，让巴尔巴松泽尔和他的同村村民们切实感受到了党对普米人的关心。

巴尔巴松泽尔说："现在，我在村里当生态护林员，一年有1万元的工资，妻子开的小饭馆生意也挺好的，养的鸡、猪和牛还能增加一些收入。我们家已经摘掉了贫困户的帽子。"未来，巴尔巴松泽尔还将继续和全村人民一起更加努力地把生活过好，回馈社会，报答党的恩情。

宁蒗县针对不同类型家庭开展技能培训、劳务协作、扶贫车间等就业帮扶措施，积极有序开展劳务输出，目前，有劳动力的搬迁家庭实现了全部就业，就业率达100%；开发城市保洁、小区保安、生态护林员等公益性岗位2800个，优先安排搬迁贫困户中就业困难的家庭成员就业411人；鼓励搬迁户对原居住地的承包地、林地和腾退的宅基地依法进行流转，暂时流转不了的种植经济林木享受退耕还林政策；建成350亩温棚蔬菜基地、3000亩马铃薯原种扩繁基地等扶贫车间，统筹进城安置户以土地入股企业，每年企业向入股的进城安置户支付红利，并优先使用土地入股的进城安置群众到扶贫车间务工。

这些措施的实施切实改善了宁蒗县各族人民的生活，让生活在小凉山地区的各族同胞感受到了国家发展带来的便利。更重要的是，随着各项扶贫政策切实落地，当地各族群众的生活得到了切实改善，人民收入不断增加。这些措施让世代生活在这里的各族人民看到了发展的希望。党和政府给他们带来了信心，包括普米族在内的各族人民纷纷表示，随着宁蒗县脱贫摘帽，他们将会更加积极主动投入生产劳动中，用自己的双手努力把生活过得越来越好。同时，以后也会更加积极地配合党和政府的各项政策，争取早日与全国各族人民一道实现小康。

 ## 玉龙雪山下的玉龙县普米人

现在，当人们走入云南玉龙县的普米聚居村，会发现一条条水泥路干净整洁，一座座普米族民居翻修一新，一面面普米特色墙绘亮丽耀眼，一个个普米族特色火塘新鲜出炉，一株株新近种植的山葵色泽鲜亮，一群群辛勤养殖的牛羊温顺可爱……这是三峡集团精准扶贫后带来的巨大变化。

三峡集团对口帮扶普米族后，在玉龙县石头乡利苴村、九河乡金普村、河源村共对普米族进行产业扶持 272 户，先后举办了 890 人次的种植养殖技科培训；硬化道路 50.38 千米；完成特色民居建设及危房改造 54 户，完成金普村大栗树活动中心建设、金普村通海落组活动中心和提水站建设、普米族特色民居打造和民居改造，完成河源村河源市场改扩建、普米村寨养地坪组桥梁建设、河源完小食堂及篮球场建设、河源村党员活动中心建设、普米村寨河源人饮设施建设；新建太阳能热水器 16 户、太阳能路灯 820 盏、垃圾集中焚烧池 10 个。

以前从玉龙县驱车到金普村委会，车辆驶离国道后，开往金普村的道路全是七弯八绕的山路，全部都是土路，但是现在，在三峡集团的帮扶下已经全部修成了水泥路，长 10 多千米。普米族乡亲说：这些路原来全是土路，非常难走，现在多亏国家政策好，修成了水泥路，我们进出变得更方便了。

玉龙县委宣传部工作人员到玉龙县和福海家中进行回访
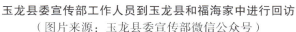
（图片来源：玉龙县委宣传部微信公众号）

张怀军是金普村村委会书记，现在的他不再像以前，每天为村里生计和发展发愁。近年来，他经常说的是："以前，金普村的道路是冬天一身灰，夏天一身泥。现在，党的政策越来越好，特别是党的十八大以后，我们做到村村通路，都是水泥路。还有一个就是，老百姓收入逐步在增加，腰包在鼓起来，素质也在不断提高。"

和福海是玉龙纳西族自治县石头白族乡四华村委会的普米族群众，自幼父母双亡，一家三口原来住在摇摇欲坠的老房子里，生活极度困难。脱贫攻坚战打响后，在相关政策的帮扶下，扶贫工作队帮助他新修了厨房和卫生间，重新建了猪圈，还新建了一栋木屋。

党和政府的帮扶让和福海备受感动、如获新生，改善了居住条件后，和福海更加积极地投入劳动中，通过努力，他成为村里的大蒜种植户。扶贫工作队看到他的努力后，也积极帮他解决生产中遇到的困难，为他争取了 1 万余元的产业补助资金，让他的大蒜种植事业变得更加顺利。走在脱贫队伍前列的和福海更加积极地配合扶贫工作，同时也积极帮助村里的其他人，先富带动后富。目前，大蒜、烤烟已成为四华村委会村民增收致富的主要经济来源。村中的和文石、和志军、和福林等贫困户都表示，在党和政府的深切关怀和大力帮扶下，他们更有信心通过勤劳致富让生活更美好。

三江并流区的兰坪县普米人

怒江傈僳族自治州横亘在云南省西北部，巍巍高黎贡山是中缅边境天然屏障。兰坪是怒江州的下辖县，普米族聚居区之一，坐落于怒江、澜沧江、金沙江"三江并流"世界自然遗产核心区。普米族占全县人口的 7.5%，是全国唯一的白族普米族自治县，属典型的民族"直过"区。兰坪县的普米族、傈僳族、怒族等都是"直过民族"，"三江并流"的独特地形虽然让这里的人民生活在世外桃源，却也影响着当地的发展。特别是改革开放后，兰坪的发展速度明显落后于其他地区。

兰坪县人民深知，要阻断贫困代际传递，只有大力发展教育，重点抓好义务教育阶段"控辍保学"工作，普及高中阶段教育、大力发展职业教育，把贫困群众的孩子培养出来，才能从根本上解决贫困问题。所以，自脱贫攻坚战打响以来，兰坪始终把教育摆在优先发展的战略地位，清楚地认识到扶贫必扶智，

以教育优先。对口帮扶的中交集团在帮助各族群众的时候，坚持"富脑袋"和"富口袋"并重，瞄准"看不见"的贫困发力，启动学校援建计划，完善易地扶贫搬迁配套基础设施建设。中交兰坪新时代希望学校成了在怒江州援建的最大的公益类项目，也是兰坪县城里规模最大、设施最全的一所九年一贯制学校。对全面改善和提高兰坪县教育资源配置，提升九年义务教育办学条件有着重要意义。这所学校可辐射兰坪县周边四乡四镇，受益人口达 1.5 万人。

外来企业帮扶的同时，兰坪人民也苦练"内功"，"输血"和"造血"并举，乡村能人、致富带头人积极配合党的领导，组建农民专业合作社，全力推进产业扶贫，实现每个村都有集体经济。在发展集体经济的过程中，各族人民充分发挥自身的地域优势，依托资源优势，分类施策、合理布局、因地制宜、创新产业扶贫模式，培育建设中药材、高山杂粮、山地牧业、特色果蔬四大特色产业基地。在党的领导下，在乡村能人、致富带头人、帮扶企业、贫困户的共同努力下，每一户贫困户都积极加入一个以上新型经营主体，都有一项以上产业项目覆盖，实现贫困户户均增收 3815 元。

兰坪县在积极响应国家政策发展特色产业的过程中，坚持传统产业与特色产业相结合，充分照顾到各族人民的生产生活习惯，让各族人民备受感动。优化

2020 年 7 月 7 日，中交兰坪新时代希望学校正式投入使用
（图片来源：见道网）

红米、高山杂粮、生态林业、山地牧业等传统产业，因地制宜大力发展道地中药材、特色水果、特色蔬菜、香料产业。同时，也注重长期产业与短期产业相结合。培育花、果、林、蔬等支柱产业的同时，发展肉牛、生猪、生态鸡、食用菌、中药材等"短平快"稳增收产业，实现"以短养长"，为人民群众打造"短期能稳定脱贫、长期能巩固致富"的完整产业扶贫体系。

同时，党和政府切实关注人民群众的利益，为进城易地搬迁群众提供了许多用工就业岗位，而且，强化规模发展与零散生产相结合，林业方面重点打造集中连片规模经营，在澜沧江地质脆弱区、干热河谷地带发展花椒、山胡椒为代表的香料产业和特色水果产业，实现生态效益和扶贫效益"双带动、双促进"；农业方面在坝区发展集中规模化现代农业，集中发展特色水果、蔬菜、中药材、乌骨羊、高黎贡山猪、绒毛鸡等种养殖产业。通过这些措施，保证了包括普米族在内的人民群众的利益。在半山区、山区采取"村党组织＋村级合作社＋贫困户、以奖代补"方式扶持贫困户，壮大村集体经济实力，这些方式还激发了贫困户发展产业的内生动力，增强了人民群众对党的信心和支持。

为改善兰坪县医疗条件，解决当地贫困群众看病难、看病贵等问题，在健康扶贫政策施行后，全县卫生健康系统基础设施建设、器械装备、人才队伍均得到逐步提升。县人民医院、县中医医院住院综合楼、县第二人民医院、县妇幼保健院等一批建设项目的落成，增强了县级医疗机构的综合服务能力。2016年，上海市第五人民医院和解放军昆明总医院对口帮扶兰坪，他们将工作重点放在兰坪县人民医院的建设和人才培养上，帮助县人民医院成立血液透析室，并培训专业医务人员。同时，县里完成了全部130个标准化村级卫生室的建设；全县建档立卡户参保率100%，住院报销比例在90%以上，免门诊一般诊疗费用；乡镇卫生院住院不设起付线，免住院押金；医疗费用"一站式"即时结报及先诊疗后付费在县域内实现全覆盖。这些措施彻底解决了各族群众看病难、看病贵等问题，获得了群众的一致好评。

实实在在的帮扶帮助使兰坪县普米族人民和其他民族一道一心向党，拥护党的方针政策，积极配合扶贫单位的工作。扶贫只是一时的事，扶志与扶智才是长远的，通过"精准扶贫"，群众找到了自身的问题，更学会了脱贫致富的方法，未来一定会依靠自己的知识和本领去解决好自己的生活问题，真正实现脱贫致富，过上自己所向往的幸福生活。

 香巴拉国度的维西县普米人

维西县同样地处世界自然遗产"三江并流"腹地，位于云南省西北隅，迪庆藏族自治州西南端，是集边疆地区、直过民族区、革命老区、生态脆弱和限制开发区于一体的贫困县，被云南省列入全省27个深度贫困县中，被划定为国家"三区三州"深度贫困重点扶贫开发区，是云南藏区脱贫攻坚的主战场。这里同样是普米族的聚居区。

维西县的普米族主要分布在永春乡和攀天阁乡。其中永春乡的普米族占全县普米族的60%，主要聚居于菊香、拖枝、扎木迪、美光等村；35%集中于攀天阁乡的迪姑和皆菊两个自然村，其余则零星分布在各乡镇。相比之下，维西县的自然环境更加恶劣，社会发展状况也更滞后。因此，县里将脱贫重点放在不断提高产业扶贫组织化程度和提升人民群众脱贫意识两个方面。在这里"扶贫先扶志"成为工作重点。

"精准扶贫政策好，三峡集团来帮扶，修了公路修房子，发展黑谷兴旅游，日子一天更比一天好，党的恩情说不完……"嘹亮的歌声从位于维西县攀天阁乡皆菊村的和卫芳家飘来。

和卫芳展示儿子参加"三峡娃娃行"活动的合影
（摄影：秦明硕）

曾经，贫穷就像一座山，压得和卫芳喘不过气。"我每天起早贪黑地忙活，就是想通过自己的双手过上好日子，不再为生计发愁，但是这里条件太差，无论怎么努力都无法摆脱贫困，真的很无助。"忆及辛酸苦楚，和卫芳双眼湿润。2016 年之前，她家年收入还不足 2000 元。和卫芳家趁着三峡帮扶的"东风"，对房屋进行了改造，全家人住进具有普米族建筑风格的安居房。改造后的房子干净整洁、宽敞明亮，还能当"民宿"。

从和卫芳的故事可以看到，普米人在帮扶下，不但摆脱了"物贫"，更摆脱了"志贫"，走上了自主造血的"小康之路"。

结对帮扶，汇聚脱贫攻坚强大动能

"我住长江头，君住长江尾，同饮一江水，共谱小康曲。"长江上游流经的横断山区正是普米族最重要的聚居区。三峡集团则是长江上最重要的水利枢纽。因此，"精准扶贫"开始后，在党和政府的支持下，云南省创造性地提出"一个民族一个行动计划""一个民族一个集团帮扶"的扶贫工作模式，三峡集团主动承接了普米族等几个人口特少民族的整族脱贫工作。在党和政府的统筹安排下，在三峡集团的支持下，普米人的工作热情被完全激发，经过 4 年的通力合作，最终在 2020 年 4 月，普米族实现历史性的整族脱贫。

2018 年 3 月 21 日，农业农村部召开"三区三州"产业扶贫对接会，专题研究部署"三区三州"产业扶贫工作，要给"三区三州"办实事"吃小灶"，统筹各类措施倾斜支持当地特色优势产业发展，指导制定"三区三州"产业扶贫三年行动计划，在"三区三州"选取 18 个县作为扶贫联系县重点支持。中国长江三峡集团公司与云南省人民政府签订《支持云南省人口较少民族精准脱贫攻坚合作协议》，开始启动三峡集团帮扶普米族、怒族精准脱贫攻坚项目工作，大力实施大扶贫战略行动，云南地方政府积极主动配合，派出挂联单位，在项目乡（镇）、村各级的积极配合和项目地群众的广泛参与下，推动了云南省脱贫攻坚工作大局，加快了普米族群众脱贫致富步伐。

三峡集团帮扶的主要举措

4年来，三峡集团与云南省紧密协作，立足实际拓宽帮扶工作思路，创新工作方式方法，破解困难问题，全面加快攻坚决战进程。

1.创新帮扶机制促脱贫

三峡集团和宁蒗县委、县政府着力帮扶体制机制创新，合力推进帮扶工作。

（1）创新脱贫帮扶机制。三峡集团与宁蒗县党委政府成立脱贫帮扶工作领导小组，建立联席会议制度，选派优秀扶贫干部到脱贫攻坚一线挂职，做好监督、协调、指导服务工作，与县、市共同制订三峡集团帮扶宁蒗的行动计划及实施方案，完善管理制度，确保项目的有序推进和资金的安全运行。

（2）创新资金投入帮扶模式。围绕实施七大工程，做到资金跟着项目走、项目跟着规划走、规划跟着脱贫目标走、脱贫目标跟着脱贫对象走。严格规范资金预算和列支，真正把资金用在脱贫攻坚"刀刃"上。

（3）创新产业帮扶模式。紧紧抓住产业发展这个根本，坚持"输血"与"造血"相结合，大力扶持特色产业发展，通过政府主导推动、龙头企业带动，重点发展高原生态农业（花椒、核桃、苹果、木梨、中药材、生态养殖等）和劳务输出，增强"造血功能"，实现普米族贫困人口在产业发展链条上增收致富。

（4）创新监督管理体系。与丽江市、县党委政府联合制定帮扶工作管理制度，切实加强帮扶资金的监督管理，加强帮扶项目的督促管理，把纪律和规矩制定在前面，确保帮扶资金运行安全，帮扶项目推进有序。

2.助力打造民族团结进步示范村

宁蒗县新营盘乡牛窝子村是典型的普米族聚居村民小组，也是全市具有代表性的民族团结进步示范村、生态文明村、产业示范村、脱贫致富新农村。牛窝子村是宁蒗县普米族聚居村通过三峡集团结对帮扶发生了巨大变化的一个缩影。全村现有人口231户800人，其中建档立卡贫困户33户159人，三峡集团在牛窝子村累计投入1684万元，完成了全村13.15千米的村内主道及入户道路的硬化工程，完成25820米入户饮水管道及大小水池15座的饮水安全巩固提升工程，完成11座拦河坝的沟道治理工程，提质增效苹果1250亩、木梨1500亩，其中，收入突破10万元的有2户，其余均在2万元以上，养殖牛10头以上的大户有11户，户均养殖生猪在4头以上，基本实现了"村有主导产业，户有致富门路"，在三

63

峡集团的倾情帮扶下，全村于 2019 年底实现了整村脱贫。帮扶后的牛窝子村村庄美丽、房屋漂亮、产业发展，群众幸福感、获得感明显提升，感党恩、听党话、跟党走意识更加强烈，为其他民族村做好脱贫致富奔小康、民族团结一家亲提供了样板。

3. 激发内生动力促脱贫

坚持帮扶工作与提升贫困群众素质、激发贫困群众的内生动力相结合，切实抓好对贫困群众的教育引导。

（1）通过扶志摆脱"思想贫困"。坚持扶思想、扶观念、扶信心、扶毅力有机结合，把脱贫攻坚政策、帮扶工作目标、内容、措施印制成"明白卡"，发放给群众，教育引导贫困群众树立起摆脱贫困的斗志和勇气，让"幸福都是奋斗出来的"之理念深入人心，变"要我脱贫"为"我要脱贫"，发挥好群众在脱贫攻坚中的主体作用。

（2）通过扶智摆脱"能力贫困"。坚持扶知识、扶技术、扶思路有机结合，通过开展劳动技能培训、开办普米双语班等人才培养工程，提升贫困群众摆脱贫困的能力。

（3）通过就业摆脱"机会贫困"。采取向贫困户提供专项就业岗位措施，有序组织贫困劳动力人员到三峡集团水电基地务工。在三峡集团帮扶区域内向贫困应届毕业生开展专项招聘等举措，拓宽贫困户增收渠道，帮助贫困群众稳定致富。

4. 强化主体责任促脱贫

三峡集团切实担负起脱贫帮扶的主体责任，及时组织拨付专项帮扶资金，积极落实和推进实施帮扶项目，坚持帮扶工作项目化、项目推进责任化、责任落实精准化，把工作目标任务具体量化到乡、到村、到组、到户、到人，确保各项目标任务顺利完成。

 三峡集团帮扶的主要成效

1. 发展基础全面夯实

三峡集团投入 1.4 亿元资金用于改善基础设施，全面补齐了普米族聚居区基础设施及公共设施的短板，极大地改善了人居环境，使 21068 名贫困群众受益。实施村内道路硬化 242 千米，被普米族群众誉为修通了"天路"，出行条件发生

了历史性改变。建设饮水工程 21 项，铺设饮水管道 308.5 千米，新建水池 206 个，使 29 个普米族聚居村 4969 人告别了吃水靠人背马驮的历史，家家户户喝上了安全卫生的自来水。在普米族聚居村新建 3 个村级活动场所、垃圾处理池 2 个。实现了项目区"村村通硬化路，户户有自来水，人人养成文明生活好习惯"的目标。

2. 产业扶贫成效初显

通过政府主导推动、龙头企业带动、合作组织互动、能人大户促动、干部帮扶联动，重点发展高原生态农业（花椒、核桃、苹果、木梨、中药材、生态养殖等），三峡集团帮扶 1171 万元实施产业发展项目，增强"造血功能"，发展经济作物 2000 亩，培育特色产业农户 921 户，帮助贫困劳动力开展技能培训 780 人次，使每户贫困户掌握 1~2 项实用技术，有 1 项以上长期稳定的增收项目，把 3824 名贫困人口放到三次产业发展链条上增收致富。2019 年，普米族贫困人口的人均纯收入达到 13046 元，较 2014 年增长 84%。

3. 居住条件明显改善

紧扣宁蒗县普米族聚居区住房条件差、人居环境差，存在"一方水土养育不了一方人"等问题现状，实施了安居工程建设、人居环境提升等工程，从群众最关心最关注、最希望解决的困难问题着手，积极破除精准扶贫的瓶颈制约。安居才能乐业。四年来，聚焦住房安全问题，紧盯偏远、危险、贫瘠、出行不便的深度贫困地区，因地制宜实施农村危房改造，按照人畜分离、厨卫入户的标准，对建档立卡贫困户 C 级危房进行修缮加固，对 D 级危房拆除重建，累计投入 3409 万元，改造危房 854 户，使普米族贫困群众的居住条件得到全面改善，实现从"忧居"向"安居"的转变。

4. 教育扶贫斩断穷根

三峡集团投入 1170 万元实施教育扶贫工程，实施小凉山学校综合楼建设项目，为建档立卡贫困户学生提供 2255 个学位，解决了宁蒗县扶贫易地扶贫搬迁进城安置户子女的入学困难问题，缓解了县城内中小学的办学压力；开办普米双语教学班 8 个，帮助 200 名边远贫困地区的普米族学生受到良好教育。除专项资金外，三峡集团积极协调捐资 100 万元新建宁蒗县翠玉乡春东完小，捐资 38 万元帮助 190 名贫困大学生圆大学梦，组织 20 名普米族贫困学生及老师参加三峡集团宜昌水电夏令营"三峡娃娃行"活动，向宁蒗县贫困学生捐赠 5000 套暖冬衣物，极大地提高了普米族聚居区教育软硬件设施，为普米族学生成长成才提供

了良好环境，把三峡集团的温暖和关爱及时送到了普米族学子心间。

5. 党建引领脱贫攻坚取得显著成效

选派优秀三峡干部投入扶贫工作，强化基层党建引领脱贫攻坚，选塑新时代脱贫攻坚楷模引领社会风尚。以云南省优秀共产党员杨大林为标杆，通过大力弘扬杨大林精神，锤炼一支"勇于奉献、苦干实干、团结奋进、后发赶超"的脱贫攻坚干部队伍，选塑一批省级表彰的光荣脱贫户、扶贫好村官、扶贫先进工作者、扶贫明星企业、社会扶贫模范，县级评选表彰"光荣脱贫户""外出务工带头人"等，树立鲜明的脱贫攻坚价值导向。

三峡集团帮扶下普米族村寨的变化

三峡集团帮扶计划项目建设内容涵盖提升素质能力、劳务输出、安居工程（含易地扶贫搬迁）、培育特色产业、改善基础设施、生态环境保护等六大工程。仅兰坪县就惠及22个行政村、212个自然村、33647人，普米族家庭人口24104人。

1. 实施项目以来，普米族群众得到了普遍的实惠

（1）收入得到增加。2016年至2018年完成2559户10615名建档立卡贫困人口脱贫，基本实现项目村群众人均收入达到了"两不愁三保障"的目标。

（2）安居得到保障。实施完成安居工程2015户，农户入住率100%，普米村寨基本实现了安全稳固住房，村容村貌和居住条件得到很大提升。

（3）基础设施得到改善。实施乡村公路硬化15.5千米，村内道路硬化177430平方米，村组道路建设新开挖26.44千米，通组道路硬化54千米；农村危桥改造3座，安装太阳能路灯310盏；建设农村学前教育校舍12所；建设饮水安全巩固提升74个点，解决农户3031户人畜饮水困难问题；新建村级活动场所3个和村小组活动场所71个，村级活动场地篮球场建设2块；实施乡（镇）卫生院建设2所，使普米族项目区的基础设施条件得到极大改善。

（4）产业培育得到强化。建设中药材金银花种植基地1200亩，建设6个村集体经济项目，扶持4个农民专业合作社，投放云岭山羊5500余只，144户建档立卡贫困户与生猪养殖企业达成8年的长期"托管代养"合作项目，拓宽贫困群众增收渠道。

（5）夯实村集体经济建设基础。建设6个村集体经济项目，使村集体有了一定的收入来源，对解决村级"无钱办事"起到了积极作用。建设易门箐易地扶

贫搬迁安置点农贸市场 1 个，发展村集体经济项目 6 个，配套建设易地扶贫搬迁安置点蔬菜基地 1000 亩，加快发展农村产业带动脱贫致富的步伐。

（6）群众健康得到进一步保障。实施包括普米族在内的对全县建档立卡户结核病专项集中筛查 102665 人，重大精神病及肺结核病患者救助 936 人，家庭医生签约服务 95610 人，医疗机构业务骨干拴心留人工程 286 人，残疾人家庭无障碍设施改造 842 户，残疾人辅助器具发放 2446 套，建档立卡贫困人口参加基本医保和大病保险 95610 人。

（7）村级环境卫生得到进一步改善。积极推进实施农村垃圾收集房建设 219 间，投放垃圾桶 600 个，实施农村卫生公厕 132 间，极大地改善了普米族地区人居环境。

（8）加强民族文化建设。投资 188 万元，完成兰坪县普米族文化传承保护项目普米族博物馆的升级改造。

2. 普米村寨的变化

金顶镇的高坪、干竹河村委会是金顶镇普米族聚居的两个村委会，从 2015 年开始实施农村危房改造和抗震安居工程、三峡集团帮扶安居房建设、美丽民居提升改造工程、地质灾害避让搬迁等 5 项安居房建设工程。目前，安居工程已实现全覆盖。

（1）高坪村委会位于兰坪县城东北部，全村共 14 个村民小组 632 户 2470 人，普米族人口 997 人。

截至 2019 年底，完善小组党群活动室 14 个、硬化道路 17643 平方米、安装太阳能路灯 196 盏、建标准化卫生室 2 所、建民族寨门 3 座、购置活动室配套设施等，惠及全村 14 个小组 632 户。

安居工程实施危房改造 44 户、三峡安居工程 579 户，惠及全村 579 户（建档立卡户 191 户）。

乡风文明建设资金投入 113 万元，用于普米族文化传承和州乡风文明示范点创建，惠及全村 632 户农户。

高坪村的普米族居民生产生活条件得到了很大的改善，一个新兴的、充满活力的普米山寨已经建成。

自 2017 年 11 月，高坪村第一批油牡丹开始种植，到今天已颇具成效和规模。油牡丹其花可赏、可食用、可炮制花茶，其果实可以榨油，成了当地民众的致富新"花"样。牡丹产业欣欣向荣，种植销售一条龙的牡丹产业链已逐步形成。"现

在国家政策好了，三峡集团帮扶后，修建了新房子，住得舒适，我家承担起三峡集团帮扶黑山羊养殖项目4家建档立卡贫困户的养羊任务，自己脱贫致富的同时帮助没有养殖能力的村民一起脱贫致富。"高坪村委会鸡头刺小组村民尹吉妹高兴地说。

（2）干竹河村位于兰坪县金顶镇最北端，平均海拔2950米，是兰坪县普米族居住海拔最高的村委会，属于金顶镇6个建档立卡贫困村之一，辖10个村民小组，总户数为449户，总人口1784人。境内居住有普米族、彝族、白族、傈僳族等少数民族。

过去，干竹河村由于基础设施建设落后和产业发展滞后，增收渠道单一，群众的生活较为艰苦，居住条件简陋。住上好房子、过上好日子一直是村民的梦想。走进三峡集团帮扶的金顶镇干竹河村，只见干净的水泥路面，错落有致的太阳能灯，一栋栋碧瓦白墙的普米族特色安居房，依山傍水，掩映在青山绿水与普米族特色的墙体画中，整个村庄面貌焕然一新，呈现出蓬勃发展的喜人势头。

2015年以来，共实施农村危房改造、地震安居工程、美丽城乡民居改造提升工程、三峡集团帮扶安居房、地质灾害紧急避让等五大安居工程，先后对488户民居进行改造提升排危，总投资2012.68万元。实现了全村农户住房帮扶全覆盖，无C、D级住房的目标，于2017年底脱贫出列。

基础设施建设不断加快，2015年以来，总投资1077万元，实施完成腊岔箐小组、白岩关小组、干竹小组、上干竹小组道路和小盐井小组道路硬化。实施完善腊岔箐、小盐井、上干竹、下干竹4个小组的道路硬化工程。新建下干竹、岔道、竹坪、栗树场、新山场5个党群活动室。

如今，一条条水泥路蜿蜒在山村里，一栋栋碧瓦白墙的民族特色安居房错落有致。暖阳里，普米族同胞在这里生产生活、欢歌笑语，村里人都说：我们居住的海拔最高，离蓝天更近，享受党的温暖也最多。下干竹河小组的和明元说："以前，一下雨，村里到处是稀泥巴，路不好走。现在是水泥路，还有了太阳能路灯。路好走了，晚上串门子也不需要点火把、照电筒了。"

（3）啦井镇的挂登、长涧、桃树3个村是普米族居民的村委会。挂登和桃树村委会在一个山坳里的两头。自然环境、村情基本上一样。两个村都以脱贫攻坚为方向，将改善生产生活条件摆在最重要位置，认真组织实施基础设施建设工程。对全村农村危房进行了全面改造，达到C、D级危房"清零"；改善了农村基础设施和民生工程，实施通村道路硬化；认真落实易地搬迁进城安置工作。这

些项目的实施，有效地改善了群众的生产生活条件，提高了贫困群众的生活质量。

长涧村里的普米族主要聚居在桃树坪小组，这是一个相对独立的村民小组。在安排项目时优先安排普米族居住地，以改善农村基础设施和民生工程为主，共投入 134 万元，用于桃树坪等 4 个小组的村道路硬化和墙体彩绘工程，在桃树坪小组新建了 119 平方米的学前教育活动室。完成长涧村易地搬迁进城安置 21 户 80 人，总投资 460.33 万元。这些项目的实施，有效改善了长涧村普米族群众的生产生活条件，提高了贫困群众的生活质量。

（4）石登乡有大竹箐、回龙、庄河和仁甸河 4 个村委会，是普米族聚居的地方。在实施项目中，紧紧围绕脱贫重点，认真实施惠民工程。

大竹箐村距离县城 60 余千米，距乡政府所在地 30 余千米，平均海拔在 2250 米，属深度贫困村，全村总户数 762 户 2841 人，其中普米族 189 户 710 人。

普米族主要集中在瓦坪、明其厂、排老鲁 3 个小组。农村危房改造 120 户，2019 年实施完成了"非四类"对象农危改 11 户，四类对象农危改 11 户，实施易地搬迁 198 户 708 人。

回龙村切实完善村里的基础设施和公共服务项目建设。已全面完成农村住房安全改造工程；学校、卫生室、党群活动室已全面完工；道路硬化、通组公路已全覆盖；村间卫生道提升工程已全面启动；村庄道路、户外道路、大水沟综合治理已全面完工；村委会 7 个小组全面完成自来水入户项目和人居环境提升工程。美丽乡村建设等项目进一步改善了农村基础设施，村容村貌发生了翻天覆地的变化。通过实施危房改造和易地搬迁项目，让石登乡的普米族群众都住进了安全又舒适的房子。

（5）通甸镇是普米族居住村寨最多的乡（镇），龙潭、水俸、箐头、弩弓、德胜、河边、下甸等行政村都有普米族，是普米族整族脱贫的重点。其中，德胜村在省级风景名胜区罗古箐，是一个自然环境十分优美的普米村寨，辖 7 个自然村 9 个村民小组，共有 361 户 1461 人，主体民族为普米族，有 1102 人，占总人口的 75.40%。

针对该地贫困的实际情况，采取 2 个途径解决：①易地扶贫搬迁 30 户 98 人，已经全部搬迁入住。其中规模内 2 户 6 人搬迁至通甸易门箐；原来需要搬迁的 26 户 84 人及新增的 28 户 92 人搬迁至县城；2 户 8 人搬迁至六库。②通过危房改造实现住房安全，对全村认定的危房 273 户，已全部改造建设完成。

（6）河边村位于通甸镇北部，与河西乡接壤，辖 12 个村民小组，共有 247

户 933 人，有普米族、白族、汉族、傈僳族等 4 个民族，其中普米族人口有 557 人，占总人口的 58%。

针对困扰南松园自然村世世辈辈的饮水安全问题，在德胜村委会山后村民小组找到合适的水源点后，到德胜村委会山后村民小组农户家中进行逐户协调，解决了群众的饮水问题，提高了党在群众中的威信。

在实施改厕改厩项目过程中，村党支部班子仅用一天时间就迅速做通群众思想工作，使全村 95% 以上的农户都享受到政策的扶持。结合实际开展感党恩教育，村党支部、驻村工作队通过认真开展"三讲三评""感恩教育"活动，组织集体向中国电信怒江分公司因公牺牲脱贫攻坚人员默哀、组织易地搬迁户举行升国旗仪式，激发群众自我发展的内生动力，进一步树立了"感党恩、听党话、跟党走"的感恩之心。积极调整产业结构，大力发展中药材种植。

因地制宜种植桔梗等抗旱药材。在 2019 年种植 365 亩的基础上，2020 年全村共引导发展桔梗 500 亩，亩产在 400 千克左右（干品），户均收入 8000 元以上。杨桂兰家种植了 10.4 亩桔梗，她自信满满地说，按平均价格算，明年她家光桔梗收入就能达到 10 万元。

结合行业优势，助推脱贫攻坚工作。中国人寿财险怒江州中心支公司发挥职业优势，于 2018 年、2019 年为建档立卡户免费提供羊子、玉米、马铃薯、小麦、猪等投保，并为建档立卡 57 户 218 人免费投保人身意外伤害保险。

探索建立人居环境提升长效机制。在河边下组创建环境卫生提升示范点的基础上，为在全村全面推广环境卫生提升评比工作，建立人居环境提升长效机制，采用 12 个小组每月一评的方式，每个小组评出一户当月示范户，奖励 100 元代金券到指定的爱心超市兑换生活用品，并授予流动红旗，用激励机制促进人居环境有效提升。通过脱贫攻坚锻炼、培养了一批干部。

2019 年 4 月 16 日，村委会副主任和金明同志荣获兰坪县"脱贫能手"称号；2019 年 10 月 17 日，村党支部书记和正兴荣获兰坪县"扶贫好村官"称号；2020 年 1 月 16 日，驻村扶贫工作队队长和雪垠同志被中国人寿财险集团公司表彰为全国脱贫攻坚先进个人。

（7）龙潭村委会地处通甸镇西北面，距镇政府所在地 21 千米，土地面积 53.01 平方千米，下辖 11 个村民小组，共 356 户 1489 人，以普米族为主，约占全村人口的 73%。龙潭村易地扶贫搬迁共有 134 户 582 人，截至 2019 年 12 月 24 日，所有易地扶贫搬迁户已全部搬迁入住，县易地扶贫搬迁临时党工委入住登记

率为 100%，圆满完成易地扶贫搬迁入住任务。

通过危房改造实现住房安全。2018 年，共认定危房 27 户，其中四类对象 17 户，非四类对象 10 户，截至 2019 年 9 月底，已实现危房清零的工作目标。到目前，龙潭村均已通自来水，饮水项目覆盖栗树、上水俸、龙潭、白草场、老黑山 5 个点。硬化路合计 12 千米，村内 11 个村小组均已通公路。亮化工程覆盖 8 个村小组，2018 年至今，房屋刷白、民族彩绘美化、村间道路硬化覆盖 6 个村小组。村内安装太阳能路灯 408 盏，一个美丽的普米乡村即将踏上新的征程。

（8）弩弓村是通甸镇"边三村"之一，有 11 个村民小组 478 户 1885 人。有普米族、白族、傈僳族等 6 个民族，其中普米族有 1319 人，占总人口的 69.97%。土地面积 44.59 平方千米，林地 41352 亩，耕地 5141 亩，都属于旱地。大部分村寨的村民不适宜在山上生活，实行易地搬迁势在必行。通过努力，易地扶贫搬迁 294 户 1153 人，已经全部搬迁入住。完成弩弓至 104 公路硬化 15.5 千米及自然村公路硬化 14 千米，解决了弩弓村人民群众出行不便的问题。使弩弓村实现了脱贫的基本目标，于 2019 年实现脱贫出列。

（9）箐头村共辖 5 个村民小组 172 户，总人口 705 人。有白族、普米族、傈僳族、彝族、汉族、怒族等 6 个民族。村委会原驻地海拔 2780 米，年降水量 960 毫米，距乡（镇）政府所在地 42 千米。因该村不适应普米族等各族群众的生产生活需求，至 2018 年底，村里的群众或集中或自发搬迁，大部分已搬到通甸镇政府所在地居住。为更好地服务村民，2019 年 6 月，村委会搬迁到易门箐集中安置点。共安置 39 户 156 人，其中易门箐安置 15 户 62 人，进城安置 17 户 66 人，就地安置 7 户 27 人。箐头村搬出了大山，甩掉了贫穷的帽子。

（10）河西乡大羊村、联合村、箐花村、三界村、玉狮村是普米族聚居的村寨，是普米族特色尤为凸显的地方，结合当地的情况，进行基础设施建设，让普米族群众的生活得到全面的提升和改善。

（11）大羊村是普米族特色村落，位于河西乡东北部，距乡政府驻地 11 千米。全村下辖 3 个自然村 4 个村民小组，总人口 192 户 685 人，有普米族、白族、傈僳族、汉族等 4 个民族，普米族有 645 人，占总人口的 94.16%。大羊村坚持"挪穷窝"和"换穷业"的原则，对符合搬迁条件的建档立卡贫困人口实施易地扶贫搬迁，积极动员，做到"应搬尽搬"。2019 年，全面完成 20 户 75 人的"领房卡、领钥匙、入新居"的搬迁任务。同时，对民居实施农村危房改造，保证了农村房屋的安全；完成新建卫生公厕建设项目，新建卫生公厕 8 个。完成

房屋美化亮化工程，进行房屋刷白亮化、民族文化彩绘等项目；全村水利设施改造提升项目全部完成；完成交通改善项目，全村 4 个小组村内道路全部硬化，全面完成大羊村人居环境提升"畜改圈"项目。村内变得干净卫生，充满活力，一个崭新的普米村寨展示在世人面前。

（12）联合村共辖 10 个村民小组，有 444 户 1658 人，村委会所在地阿贺己距河西乡政府所在地 20 千米。全村共有傈僳族、普米族、藏族、汉族、白族等 5 个民族。驻村工作队抓住易地扶贫搬迁城镇化集中安置的契机，通过面对面、心贴心、一对一的宣传动员，向群众讲清楚易地扶贫搬迁政策，算细算清经济收入增长账、思想观念改变账、生产生活便利账、子孙后代成才成长机遇账、医疗方便程度账、土地林权属账和搬迁后后续发展政策红利账等"七笔账"，真正让群众知政策、明道理，彻底打消群众不愿搬迁的思想顾虑，从根本上解决"一方水土养不起一方人"的问题。经过全方面、多层次动员，实现全村 444 户 1658 人中，共有 227 户 828 人签订了三项协议（建档立卡户 111 户 389 人，随迁户 116 户 439 人），其中规模内 19 户 78 人，已经搬迁入住，新增 208 户 750 人。通过危房改造实现住房安全。自 2017 年以来，住建部门将联合村 17 户农户房屋认定为 C、D 级危房，均完成竣工验收、资金拨付以及"两牌"挂贴工作，实现了住房安全。如今的联合村通村公路蜿蜒而上，纵横交错的村间小道盘绕在村庄里，家家户户的门口道路清洁明亮，村民的生活跃上了新的台阶，崭新的楼房隐藏在花红柳绿间，太阳能路灯让黑夜变成"白天"。面貌焕然一新的联合村，让人深刻感受到偏远山村的巨变。

（13）三界村委会辖大三界，小三界，麦地坡，东至岩上、下组，期吾上、下组，新厂组，嘎坪上、下组，羊安山 11 个村民小组，310 户 1248 人，有普米族、傈僳族、彝族等民族。全村有 20 户 78 人已经搬迁入住安置点，2019 年 8 月底前完成了拆除旧房的工作。新增 46 户 211 人，其中 1 户 4 人搬迁至六库、45 户 207 人搬迁至兰坪县城集中安置点，全村基本实现了有安全住房的目标。村委会精准施策，发展集体产业。按照"一户一策"选定精准帮扶项目并跟进落实。2019 年，完成了对三界村 186 户建档立卡户的走访和"回头看"工作，"一户一策"已全部跟踪落实。投资 24 万元，作为 131 户建档立卡贫困户股本金，入股兰坪蛮记喜马拉雅野蜂合作社，合作社充分发掘地方独有的自然资源，向市场提供纯正、优质的天然蜂蜜，还带动了一批贫困户发展蜜蜂养殖，拓宽增收渠道。目前该项目已产生收益，2017 年向每户入股建档立卡贫困户分红 225 元，2018

年向每户入股建档立卡贫困户分红 230 元，2019 年向每户入股建档立卡贫困户分红 260 元，连续三年共分红 91190 元。

（14）玉狮村委会普米族主要集中居住在清水江村。实施脱贫攻坚以来，玉狮村加强基础设施建设，完成通行政村公路 30 千米和村级公路的硬化，对危险路段进行了防护，各小组路灯全覆盖，建成 7 个公共厕所，建设了以戏台为中心的活动场所、4 个党小组中心、1 个标准化卫生室，进行了饮水工程的提升，保障了饮水安全。玉狮村危房改造 24 户，其中四类 10 户、非四类 14 户。改造畜圈 160 户，其中，建档立卡户 30 户。入户道路全覆盖。实现了全村安居全覆盖。为村民出行方便、居住安全、活动舒心创造了良好的环境。积极发展生产，引进乌骨鸡养殖，种植秦艽、板蓝根、附子、桔梗等中药材，带动群众 520 户。积极组织外出务工，务工人员达 508 人（省外 102 人，州外省内 119 人，县内 327 人），占村劳动力的 60% 以上，提高了村民的经济收入，使玉狮村按时脱贫出列。

三峡集团帮扶兰坪县一系列项目的顺利实施，进一步解决了群众的住房安全、饮水安全、出行难、就医难、无村级活动室、无村集体经济、无稳定增收产业等困难，助力兰坪县脱贫攻坚。20 个普米族贫困村中金顶镇干竹河村、啦井镇桃树村于 2017 年出列，2019 年，啦井镇长涧村、挂登村、河西乡大羊村、联合村、箐花村、三界村、玉狮村，石登乡大竹箐村、回龙村、庄河村、仁甸河村，通甸镇龙潭村、水俸村、东明村、箐头村、弩弓村、德胜村、河边村这 18 个贫困村出列。通过 3 年的帮扶实施，普米族村寨出现了明显的变化，村庄漂亮了，房屋安全了，人们都过上了幸福的生活。

 三峡集团帮扶的经验和启示

三峡集团帮扶宁蒗县人口较少民族（普米族）脱贫攻坚取得明显成效，为"小凉山"人民摆脱千年贫困、与全国同步进入小康提供了强有力的支撑，我们在工作中深刻地感受到了党中央对边疆群众的关心关怀，深受新时代的教育启发。

1. 帮扶小凉山人民摆脱贫困，关键在于深入学习贯彻习近平总书记有关扶贫的系列重要论述精神

2015 年 1 月，习近平总书记在云南考察时指出，全面实现小康，一个民族都不能少。5 年后的 2020 年 1 月，习近平总书记考察云南时说，脱贫只是迈向幸福生活的第一步，是新生活、新奋斗的起点。

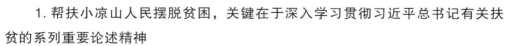

结合云南脱贫攻坚整体布局，时任云南省委书记陈豪要求，2020年云南要全面完成脱贫任务，确保全面小康路上一个民族都不掉队。

三峡集团党组和宁蒗县委、县政府认真学习习近平总书记考察云南的重要讲话精神，将总书记的指示要求落到实处，把联系"三农"最为紧密、最为促进贫困户增收的第一产业与最需要帮扶的深度贫困地区结合起来，用真心、付真情、出真力，切实帮助小凉山人民摆脱贫困，实现与全国人民同步进入小康社会的伟大梦想。

2. 帮扶小凉山人民摆脱贫困，本质在于凸显中国特色社会主义制度优势，造福边疆少数民族

"小凉山"一步跨千年的历史巨变是超常规的跨越，巨变来源于中国特色社会主义制度的巨大优势，是三峡集团践行中国特色社会主义制度的重要组成部分。三峡集团扎根边疆、服务全省，长期以来在各种困难和挑战中，始终与边疆干部群众手挽手、肩并肩，坚持用实实在在的发展成果惠及地方经济社会发展，为云南经济发展和社会进步提供了源源不断的财税收入。帮扶宁蒗脱贫攻坚的显著成效，本质上体现了中国特色社会主义制度的突出优势，展现了三峡集团积极履行社会责任的时代风采。

3. 帮扶小凉山人民摆脱贫困，要诀在于激发干部群众向往美好生活的内生动力

脱贫攻坚根本上是对人的改变。现在，小凉山群众的政治面貌和精神面貌更加坚定、饱满。特别是在挂联帮扶中，三峡集团利用资金、技术、人才、资源、产业等优势，帮扶小凉山人民强基础、做产业、富思想、寻文明，变"输血"为"造血"，变"要我富"为"我要富"，全面激发人民群众对美好生活的向往与追求。帮扶干部坚持言传身教，全面开展党建、产业、技术的教育培训和引导，贫困群众向往文明富裕新生活逐渐成风成俗，小凉山各族人民感党恩、听党话、跟党走成了日常行为习惯，各族人民逐渐树立讲文明、树新风、学技能的自觉风尚，一些干部群众深情地讲道："小凉山的日子，明天比酒还香。"

4. 帮扶小凉山人民摆脱贫困，志智双扶是巩固脱贫攻坚成果的持续保障

物质上的帮扶只能解决短期的困难，精神上的帮扶和教育扶贫才是摆脱贫困的根本之策。三峡集团注重开展普米族能人大户的培养，支持以强带弱发展产业；帮助有外出务工意愿的群众开展技能培训，联系就业岗位助村民外出务工；注重普米族青少年培养，坚持招收贫困家庭普米族学生开办双语班。这些帮扶措

施旨在加强扶志、扶智，激发帮扶主体动能，让普米族群众提高受教育程度，加强与外界联系交流，开阔眼界，提升能力，摒弃"等靠要"和满足现状的落后思想，为脱贫攻坚及今后长效发展提供源源不断的动力，更好地巩固脱贫攻坚成果，衔接好乡村振兴战略，在今后的发展中取得更大的进步，过上更好的生活。

2020 年 4 月 8 日，云南省人民政府宣布普米族整族脱贫，历史性告别绝对贫困；2020 年 11 月 13 日，云南省人民政府宣布宁蒗县退出贫困序列。脱贫攻坚一路走来，三峡集团一路帮扶，普米村寨家家户户住新房，条条硬化路通家门，盏盏路灯点亮村寨，彻底告别了过去"晴天一身灰，雨天一身泥，吃水靠挑，运输靠人背马驮"的苦日子。普米族贫困群众缺衣少食的贫苦生活已成过往，贫困落后的"穷根"已经拔起，幸福感挂在每个人的脸上，认同感说在每个人的嘴上，获得感印在每个人的心上。宁蒗县普米族实现整族脱贫是三峡集团秉承习近平总书记"全面建成小康社会，一个民族不能少；共同富裕路上，一个民族不能掉队"信念努力的结果。

发展产业，千方百计提高群众收入

2020 年 11 月，云南省政府宣布宁蒗县等 9 个县脱贫。这标志着普米族聚居区全部脱贫摘帽。已经脱贫的普米族群众仍在不懈努力让自己的生活变得更好。普米族生活的地区有着原生的自然环境，作为直过民族，普米族自身的文化生态也保存得较为完好，许多普米族村寨都相继走上了旅游脱贫的道路。旅游脱贫不但解决了普米族生产产品销售的问题，也带动了就业，促进村落整体改善等。

怒江州兰坪县通甸镇德胜村是典型的普米族聚居村落，共辖 7 个自然村 9 个村民小组，共有 361 户 1461 人。有普米族、白族、汉族等 5 个民族，主体民族为普米族，有 1102 人，占总人口的 75.43%。

罗古箐小组坐落在罗古箐省级风景名胜区入口处，紧邻云南众山之祖老君山，海拔 2700 米左右，村子的四周森林密布、草甸相连、溪流环绕。

村寨周边的罗古箐风景名胜区主要由情人坝、大羊场高山草甸、罗古箐丹霞石林三个片区组成。罗古箐发展旅游业最主要的优势在于这里是一个普米族的聚居地，也是个古老的村寨，是全国普米族最大的一个村子。普米族独特的文化和周围得天独厚的丹霞地貌、原始森林、高山草甸相互融合，成为有着巨大旅游

发展潜力的地方。

和国鹏是通甸镇德胜村罗古箐上组的普米族汉子，以前他为了生计在外到处奔波，打过工、跑过农村客运。近年来，随着罗古箐旅游的兴起，和国鹏也开始了新的打算。和国鹏发现村子周边的这些旅游资源都是罗古箐的优势所在，有越来越多的游客来到罗古箐，但是当地的食宿条件并不好，留不住游客，村里的经济也发展不起来。和国鹏就此萌发了在这个地方搞农家乐的念头。2014年，和国鹏开始投资农家乐，一边做一边不断改善，目前已经成为村里的标杆。

除自然资源优势之外，搞起农家乐之后，闲暇之余的和国鹏还当起了向导，为游客带路，让客人在农家乐吃上一桌自家种的蔬菜和养的猪肉、鸡肉，住上三五天，享受与大自然亲密接触的惬意，感受普米人家的风土人情。

和国鹏说："旅游旺季一般从4月开始到9月，我现在一年的经营收入增加了不少。罗古箐人最多的时候就是5月端午普米情人节这段时间，那个时候接待几乎都忙不过来，平均每天上百人的规模。"目前，和国鹏正打算在政府支持下，继续扩大他的农家乐规模，同时，带领村里人一起加入乡村旅游发展、文旅融合发展的队伍中，把罗古箐打造成为一个优秀的普米族文化与自然风光相结合的旅游地。

虽然旅游、农家乐给德胜村的普米族群众带来了收益，但这并不是唯一的

通甸镇德胜村罗古箐小组
（图片来源：怒江网络广播电视台）

通甸镇德胜村罗古箐上组普米族汉子和国鹏和游客一起同乐
（图片来源：怒江网络广播电视台）

收入来源。除发展旅游之外，德胜村的普米族人还种植天麻等中草药，开展蓑衣羊养殖，种植林下产品，外出务工等，这些都让当地普米族群众的生活越来越好。同时，让德胜村人感动和感谢党的还有，这些年在党的带领下、在各级政府和扶贫工作队的不断努力以及村民的积极参与下，德胜村的基础设施、公共服务、人居环境、人民群众经济增收与生活条件改善等方面都取得了长足的进步。

中华民族同根共生，小康路上一个都不能少！这是中国共产党对各族群众的承诺，更是中华民族对每一个中华儿女的承诺。普米族群众就如同小河淌水归大海一样，回到了中华民族大家庭中。此刻，普米族群众在党的带领下已经实现了历史性的飞跃，未来普米族人将继续深怀对党的感激、铭记党的恩情，坚持在党的带领下向小康之路奋进，为实现中华民族伟大复兴的目标而奋斗。

 主动发力，激发"内生"动力巩固脱贫成果

　　中华人民共和国成立后，普米族结束了刀耕火种的原始劳作，结束了千百年来受压迫、受剥削的命运，普米族人实现了真正的独立自主，成为国家的主人。在党的领导下，普米族人民受各方帮助，最终实现了整族脱贫奔小康。

　　目前，普米族已经告别历史上的绝对贫困，进入全面奔小康的阶段。特别是通过近几年来党的"精准扶贫"，普米族人告别生活上、思想上的贫困，学会了"造血"、学会了"内生性"发展。未来，普米族人民将坚定地走"内生"发展之路，改"输血"为"造血"，为实现中华民族伟大复兴贡献自己的力量。

　　（1）宁蒗县牛窝子村的胡云彩家曾是村里的建档立卡户，老公患有慢性病不能干重活，两个正在读书的女儿需要抚养，家庭的重担全压在她柔弱的肩上。

　　"我们村的土地都是干的，没有水，什么都种不活。"胡云彩说，"我每天都要到1000米以外的沟子里去背水，往返就要半天，再没力气做其他事情。"

胡云彩在自家院子里幸福地笑着
（图片来源：中国三峡集团）

尹吉妹丈夫尹加龙在火塘边陪记者聊天
（图片来源：《中国商报》）

2016 年，随着脱贫攻坚战的深入推进，牛窝子村被纳入"全国人口较少民族"整族脱贫帮扶重点村，在各方帮扶下，牛窝子村水、电、路等基础设施和公共服务有了巨大改善，告别了过去"晴天一身灰，雨天一身泥，吃水靠人背"的苦日子。胡云彩家也告别了破旧拥挤的木楞房，住上了安全坚固且具有普米特色的安居房，还用上了太阳能热水器。

安居更能乐业。打破了制约发展的瓶颈，胡云彩家看到了靠自己双手脱贫致富的希望，干劲更足了。她不仅把种植业发展得有声有色，养殖业也是做得风生水起。"我老公在村里干着公益性岗位，我养猪也赚了不少钱，种植果树也有一部分收入，两个女儿上大学还得到过政府资助。"胡云彩感激地说，"家里有了稳定收入，我们家顺利摘掉了贫困帽。大女儿已参加工作，小女儿还在上大学，现在的日子越来越有奔头了！"

"党和国家的政策好，只要勤劳肯干，我们普米群众也能过上好日子。"胡云彩满怀深情地说。

像胡云彩一样，众多的普米族人都越发感谢党和政府的政策，认识到，只要自己肯努力，就一定能够过上好日子。

（2）鸡头刺村民小组是兰坪县金顶镇高坪村的一个普米族村寨，共有 48

户 162 名普米族群众。寨子背靠大山，前面是悬崖深渊，几十户人家的房屋错落有致地建在山坳中间。

村民尹吉妹家目前养了 61 只羊，羊长大后每只可以卖 1200 元。每年可以卖 3 万多元。还种了 2 亩多大蒜，大蒜每千克可以卖 5 元，每年可以赚 2 万多元；种了 1 亩多土豆，一部分留着自己吃，另一部分可以卖，每亩收入有 5000 多元。

尹吉妹家正房是一栋两层小楼，装饰得古香古色，颇有普米族农家风格。"正房有 200 平方米，厢房用来装粮食和家用，外面院子做羊圈。一家 4 口人，大女儿在兰坪县城开店做生意，平时家里只有 3 口人居住。"

现在"世界最高海拔产稻区""世界第一品牌老黑谷""普米族文化"等成为发展乡村旅游的"金字招牌"。乡村旅游业覆盖了所有普米族精准扶贫建档立卡户。

（3）熊杰是玉龙县金普村人，2014 年他家被精准识别为建档立卡户时，母亲常年卧床，三个女儿正在读书。夫妻俩愁孩子的学费、生活费，还要挣钱给母亲看病……日子过得艰难。"家里住的房子快要倒了，一到雨天外面下大雨，屋里下小雨，但就是没钱修补。"忆及从前，熊杰满是心酸。

玉龙县金普村村民熊杰接受采访

（图片来源：玉龙县委宣传部微信公众号）

现在，"多亏党和国家的好政策，家里修缮住房、圈房有补助款，三峡集团还帮我们修了通村路，建了普米族火塘，装饰了普米族墙绘，还有产业帮扶……"熊杰满怀感激地说。熊杰家只是金普村近年来发展变化的一个缩影。

 ### 理论维度：新时代格瓦村普米族深度走向"共同富裕"的路径选择

本部分结合格瓦村实际，充分尊重格瓦村普米族民族意愿，在国家推动"共同富裕"的新征程中，对格瓦村普米族深度走向"共同富裕"提出合理化的发展路径。

 ### 积极建设和谐的民族关系

格瓦村拥有独特的人文地理环境，和周边村、镇的少数民族也有着极为紧密的联系，格瓦村民族工作的成效影响着拉伯乡乃至宁蒗县的社会稳定和经济发展。因此，建设格瓦村和谐的民族关系是格瓦村普米族深度走向"共同富裕"工作中的重点工作。

首先，继续做好党的民族理论政策的宣传教育。中国共产党在长期实践中，形成了以民族平等、民族团结、民族区域自治、各民族共同繁荣和铸牢中华民族共同体意识等为基本内容的党的民族理论政策。要加强思想政治观念引导，通过不懈地宣传教育，使村内的各民族更加深入认识和贯彻党的民族理论政策，使每位村民都牢固树立中华民族共同体意识。

其次，村干部在处理民族关系的具体问题上，要把民族平等和团结作为核心理念，要认识到民族平等团结互助和谐的社会主义民族关系的本质特征，不断加强对中国特色社会主义民族政策理论的学习，热情奉献，以真情实感为民众做实事，以潜移默化的方式加强和维护民族团结。

再次，积极探索建立民族团结联谊工作新机制，建设各民族共有精神家园。通过大力开展各类培训、公益慈善、走访交流等活动加强与外部各民族之间的联系交流。同时，也要通过举办民族团结知识竞赛、文艺表演、演讲征文等富有民族特色的群体性自娱活动，将民族团结元素融入各族群众的日常工作、学习和生

81

活之中。寓教于乐，增强村内各民族的文化认同和精神认同，推进各民族和谐相处、共同发展。

最后，还要强化各民族风情文化的展示。可通过设置民族文化服务中心、打造多功能民族交流活动室等方式，充分展示各民族元素和风情，倾力打造中华民族一家亲的文化氛围，加强各民族之间的相互了解，增进各民族文化之间的交流交融。

 强化农业产业化发展

（1）格瓦村农业发展，要进一步向规模化、区域化、专业化方向迈进。一方面继续重点发展花椒、核桃等种植业，进一步实现专业化、规模化经营。通过提高劳动生产效率，引入资本、技术提高土地产出率和从业农民的综合生产效率，增加农业收入。另一方面继续加大对高脚鸡等养殖业的扶持力度。尤其要进一步推进高脚鸡规模化和标准化生产，形成集群效应和品牌效应。通过建立产品质量和生产效益健全农产品质量标准，积极打造无公害农产品、绿色食品、有机食品的产品标签，制定形成一整套切实可行的无公害养殖标准体系。

（2）着力延长产业链条，加快发展农产品加工业，支持合作社、家庭农场和中小微企业等发展农产品产地初加工。同时，积极推进第一、第三产业融合，着力发展观光旅游和休闲农业，增加从业者在农业内部的就业机会，提高村民收入。

（3）充分利用"互联网+"等新产业新业态，搭乘电商直播时代列车，利用直播带货的方式推广农产品，增加产品销售渠道，提升产品知名度，推动产品品牌传播。与电商企业、媒体平台合作，通过开展格瓦村"农产品直通车活动"，抢抓时代机遇，打造格瓦直播经济基地，带动格瓦村农产品网络销售业绩。

 持续提升人居环境

坚持把人居环境整治工作作为改善格瓦村群众生活环境，提升群众生活质量的有力抓手，党员干部要积极投身人居环境整治第一线，并动员广大群众共同提升人居环境，不断改善村容村貌，打造格瓦村人居环境整治示范点。

持续抓好农村垃圾、污水、公厕"三大革命"及美丽庭院创建工作，将垃

圾分类工作与美丽庭院的打造提升同步进行。引导村民将易腐垃圾还田，村民之间积极开展置换，将易腐垃圾提供给有需要的村民，用于饲养，以自行消化，从而在源头上控制垃圾减量。

村容村貌的改善与农民素质提升紧密相连，应当通过美丽乡村建设，把文明、生态的理念渗透到农民生产生活的各个方面。要充分利用主题教育、脱贫攻坚工作、动员会、村民小组会等形式向群众宣讲人居环境提升工作，提高群众爱卫生、讲卫生的意识，使人居环境提升工作深入人心，同时积极动员群众参与。可通过制定村规民约、门前"三包"协议书及倡议书，开展环境卫生大会战，如"洁净房屋大比拼""美丽庭院评比"等系列举措，动员广大村民群众主动参与村庄整治，着力改善格瓦村生态、生活环境，不断提升格瓦村文化生态韵味。

积极打造村镇文化品牌

文化是乡村振兴的灵魂，贯穿于扶贫致富的各领域、全过程。要强化社会主义核心价值观引领，以传承发展格瓦村优秀传统文化为重点，以公共文化服务体系建设为载体，全面推进格瓦村民族文化建设，增强村民持续增收和实现共同富裕的强大精神动力。

格瓦村要依托田园风光、民俗风情等特色资源，深入挖掘历史和民族文化故事，丰富格瓦村人文内涵，突出民族风格文化，加强普米文化传承传播，强化非遗传承和品牌化发展，积极打造村镇文化品牌。

普米族猪膘肉制作技艺作为国家级非物质文化遗产，其传承工作得到了长足发展，取得了新进步、新成效，但还存在许多不足。如猪膘肉的制作和知名度还仅停留在宁蒗县，没有很好地宣传出去，被更多的群体知晓和接受。此外，普米族猪膘肉制作技艺传承也面临困难。

当下，应该进一步深入挖掘普米族猪膘肉制作技艺的文化内涵，扩大宣传影响力，加强宣传推介，进行猪膘肉品牌战略规划的制定，包括品牌整体定位、形象策划与设计、品牌包装、传播设计等内容。另外，还要通过广泛宣传，增强传承发展和传播弘扬非遗美食产业的认同感和使命感，吸引和培养更多的优秀传承人，将普米族猪膘肉制作工艺传承和发展好。此外，还可通过"互联网＋美食""门店＋美食""节日＋美食"等方式推进非遗美食传播形式的创新发展。

铸牢中华民族共同体意识视角下格瓦村
普米族走向"共同富裕"的延伸思考

实现共同富裕和铸牢中华民族共同体意识都是中国特色社会主义的本质要求。铸牢中华民族共同体意识强调认同层面的归属感，实现共同富裕强调发展层面的物质性。铸牢中华民族共同体意识必须有充沛的物质条件予以护航，最终体现为各族人民共同富裕。实现共同富裕也必须以铸牢中华民族共同体意识的理想信念作为支撑，两者相辅相成、同频共振、互利共生。本部分在铸牢中华民族共同体意识的视角下，以及对格瓦村普米族走向"共同富裕"的经验总结上，提出了一些建议，以期为其他民族地区共同富裕提供一定的参考。

 ### 铸牢中华民族共同体意识

共同富裕，要以铸牢中华民族共同体意识为主线，引导各族人民牢固树立休戚与共、荣辱与共、生死与共、命运与共的共同体理念，从而巩固和发展地区民族团结、社会稳定的局面，推动民族团结进步事业创新发展。

首先，要推进铸牢中华民族共同体意识宣传教育常态化。铸牢中华民族共同体意识，本质上是思想政治教育工作，这就要求党政干部要加强思想政治引领工作，要全面理解和贯彻党的民族理论和民族政策，自觉从党和国家工作大局和中华民族整体利益的高度想问题、作决策、抓工作。在开展民族工作的时候，要以真情实感来感染民众，并要发挥长期的坚持精神。

其次，积极实施民族团结进步创建行动，深化民族团结进步教育。把铸牢中华民族共同体意识宣传教育纳入学校教育体系，推动铸牢中华民族共同体意识

教育融入各级各类学校课程，让学生们潜移默化地吸收、认同，并自觉维护中华民族共同利益。

再次，要因地制宜，采取多种举措、方式、渠道促进各民族交往交流交融。结合不同的文化资源特色，丰富民族团结进步宣传教育的形式和载体。如通过历史文化宣传教育、公共文化设施建设、区域标志性建筑建设、旅游景观陈列等相关工作，通过打造浓厚的中华民族共同体意识氛围，引导各民族人心归聚、精神相依。

最后，协调主流媒体在社会广泛开展宣传教育活动，综合运用互联网新媒体等平台，深入宣传中央民族工作会议精神、习近平总书记关于加强和改进民族工作的重要思想，广泛宣传身边民族团结进步先进典型，及时宣传在铸牢中华民族共同体意识方面的工作成效。

高度重视党建引领作用

要以党建为引领，统筹实施"领导挂点、部门包村、干部帮户"定点挂钩扶贫制度。深化"挂包帮""转走访"工作，推动各级各类干部人才资源走到脱贫攻坚的第一线。把选派第一书记作为夯实基层、实现精准脱贫和共同富裕的重要途径。第一书记要以培养"双强"村支书为重点，不断提高党员致富带富能力。

（1）要因村派人，择优而选。要统筹考虑贫困村脱贫难度与选派单位综合实力、熟悉村里主要矛盾与第一书记个人专长，把最优秀的干部选派出去。

（2）建立完善的考评和激励制度。推行派出单位联考联评制度，让驻村群众评议第一书记工作成效得到检验。要通过办理人身保险、给予生活补贴、表彰先进典型等多重激励，让第一书记拥有持久干劲。此外，以乡（镇）党委换届为契机，注重把政治意识强、群众工作好、脱贫攻坚实绩突出的乡镇事业编制人员、优秀村干部、大学生村官、退役军人、致富能手选拔、吸纳进村党委班子。不断优化干部结构，实现学历结构专本硕，年龄结构老中青。

（3）不断加强党委班子思想政治学习和知识技能提升。通过思想教育、主题党日等集中学习研讨，相互交流理论知识，杜绝脱贫攻坚中存在的形式主义、官僚主义和不担当、不作为、不担责等问题。除此以外，还要结合"互联网＋

数字＋专家＋培训"方式加强对党委班子的技能培训，推动工作效率提升，不断增强党组织的战斗力和凝聚力，为扶贫致富出谋划策。

 ## 牢牢把握产业致富核心

对于落后民族村镇，要坚持把脱贫攻坚作为头等大事，聚焦产业培育和增收致富，因地制宜打造"一村一品"产业发展模式，促进区域经济提质增效。

（1）推动农业产业化发展。通过各种渠道吸引项目资金，建立完整的农业产业化链条，从基础研究到应用研究再到产业化，层层推进。同时也要借用科技力量，结合当地优势资源，盘活农村资产，增加农民财产性收入，让产业实现真正扶贫，帮助当地群众勤劳致富。

（2）牢牢把握产业发展各要素，打造科学、合理的产业发展模式。可由村党组织牵头与农业企业、致富带头人等开展股份合作。以龙头公司或合作社为经营主体，采取"党支部＋合作社＋公司＋农户"模式，通过土地流转、务工收入、销售收益等机制，带动农户参与其中，实现企业或合作社与农户利益双赢。

（3）打造主旨鲜明、独具特色的农业产业新业态。紧紧抓住乡村振兴与脱贫攻坚政策的发展契机，依托本地的优势农业资源，牢牢把握产业振兴重点，积极推动一二三产业融合发展，让共同富裕道路更开阔。

 ## 持续改善村庄人居环境

改善农村人居环境、建设美丽宜居乡村，是实施乡村振兴战略的重要任务之一。没有良好的农村人居环境，乡村振兴就无法实现，共同富裕也就无从谈起。

（1）要深化思想认识。要加大美丽乡村建设的宣传力度，通过多种形式推广好的经验做法，广泛宣传美丽乡村建设当中涌现出的新典型，营造参与美丽乡村建设的良好氛围。

（2）要大力开展美丽乡村建设帮扶及帮建活动，动员和发动党员干部深入村户家中了解民情民意，帮助农民解决实际问题，形成共享共建的良好格局。

（3）要合理规划乡村建设。美丽乡村建设需要合理的规划作为指导，强化对建设过程中规划的督查，坚决避免乱建。要因点施策，因地制宜，统筹规划，突出地方特色，保持当地田园风貌。

（4）要建立起一系列巩固和提升环境质量的农村环境综合整治项目。推进乡村垃圾集中处理模式的建立，提升农民素质，制定好村规民约，更好地规范村民行为，把文明、生态、美丽乡村建设的理念渗透到农民生产生活的各个方面。

深山走出脱贫路

云南人口较少民族脱贫发展之路

一村一策：
脱贫典型村寨

党建引领促脱贫
——新营盘村"党支部＋合作社＋贫困户"发展纪实

 **基本情况**

新营盘村村委会位于新营盘乡政府所在地，距离宁蒗县城 20 千米，村委会驻地海拔 2600 米。发展方向属性为中心村镇，地貌属性为山区村，是集结构型、素质型、条件型为一体的人口较少民族深度贫困村，土地面积 41.9 平方千米，辖 11 个村民小组，共 1449 户 5325 人，其中建档立卡 327 户 1460 人。全村大部分地块悬崖陡峭、坡陡箐深，土地贫瘠且面积较少，森林覆盖率低，资源性缺水，自然条件十分恶劣，脱贫攻坚工作开展之前，交通、水利等基础设施建设滞后，村内道路"晴通雨阻"；群众居住分散，住房以茅草房为主，面积狭小，人畜混居，至 2016 年全村仍有近 30% 的群众住房为茅草房，群众家中家具稀少；世居民族为"人口较少民族"普米族，受自然条件、交通闭塞等方面的影响，群众文化层次低、观念落后、思想闭塞、自我发展能力弱，仍存在"交通基本靠走，通信基本靠吼，吃饭基本靠党"的现象，基本处于"一方水土养不起一方人"的状况，是全县脱贫攻坚的重中之重、关键中的关键。

  **带贫模式**

近年来，新营盘村在习近平新时代中国特色社会主义思想指引下，深入践行"不忘初心、牢记使命"主题教育，扎实开展脱贫攻坚工作，全村水电路、住房等基础条件全面改善，活动室、卫生室、学校等公共服务配套齐全，乡村面

89

貌发生了翻天覆地的变化。针对新营盘村"产业发展难、群众增收难"的问题，在三峡集团的大力支持下，2018年投资300万元启动了养殖场建设项目，以"党支部＋合作社＋贫困户"的模式发展产业扶贫种养殖业，计划养殖黑山羊、肉牛、种植苹果、木梨。通过党支部牵头、合作社组织、群众主动参与，实现资金变股金、资源变股权、农民变股民，辐射带动新营盘村村委会及周边村贫困户通过股权分红、种植青贮饲料、领养肉牛、到合作社打零工等拓宽增收渠道，依托合作社将产业发展成为贫困群众稳定增收的支撑和村集体创收的依托。

 ### 效益分析

新营盘村农民收入主要以种养殖业为主，原有产业结构单一，发展种植玉米等传统产业收入仅有约500元/亩，且基本为农户自产自销，引进养殖产业后贫困户收入主要构成有：贫困户按照人口和贫困程度分配产业扶贫入股资金，合作社按照每年7%的比例分红，每年可分红25万元，户均预计增收700~1500元；贫困户户均种植4亩青贮饲料，保守估算产量（含玉米秸秆）3000千克/亩，合作社按照0.4元/千克的价格收购，户均收入5000元，预计每年创收230余万元。另外，有养殖能力的农户可向合作社领养肉牛及小羊，达到出栏标准后由合作社以26元/千克的价格回购。此外，农户也可到合作社打零工获得报酬。

养殖宁蒗黑头山羊（供图：陈鑫）

推广养殖宁蒗黑头山羊（供图：陈鑫）

肉牛养殖（供图：陈鑫）

养殖合作社在脱贫攻坚中切实发挥了桥梁纽带的作用，引领贫困群众"抱团"发展，共同面对市场，提高抗市场风险能力，针对农户开展种养专业技术培训，提高了产业效益。同时，激发群众内生动力，提高产业发展积极性，实现了从"要我发展"到"我要发展"、从"要我脱贫"到"我要脱贫"的转变。

普米族群众在采收苹果（供图：刘雨）

"牛窝子"变"金窝子"：一个普米村寨的前世今生

横断山峰峦滴翠，金沙江曼舞欢腾。宁蒗，这片曾经久困于穷的"小凉山"大地，近年来，在中国长江三峡集团的倾情帮扶下，在一场波澜壮阔的精准扶贫攻坚战中悄然发生着动人的蝶变。

一段历史的奇迹在这里谱写：2014年至2023年，全县累计脱贫17619户77050人，全县贫困发生率由34.43%降至2.03%。

在这阕灿烂华章中，中国长江三峡集团书写了最为动人的一页：2016年以来，累计投入帮扶资金2亿元，实施普米族精准脱贫攻坚项目，使宁蒗所有的普米族村庄水、电、路、房等基础设施空前改善，全县1063户4218人的普米族建档立卡贫困人口实现"两不愁三保障"，成功脱贫，迈向小康。

新营盘乡牛窝子村民小组，是全国最大的普米族聚居村。全村230户800人，普米族人口占95%。

"牛窝子"，顾名思义，就是牧民放牧扎"窝子"的地方，这里曾经是荒山秃岭，土地贫瘠，缺水严重，广种薄收。大部分村民面山而居，艰难度日……

"过去我们村基本上是靠天吃饭，生活用水要靠人背马驮，地里种点玉米、土豆、荞子，遇上灾年就难以养家糊口"，牛窝子村民小组长郭志林颇有感触地说，"村里没有一条像样的路，想弄点蔬菜水果到集市上去卖也苦于路途遥远，一年到头没有什么经济收入，大部分年轻人都选择外出打工。"

2016年，牛窝子村被列为普米族整族帮扶精准脱贫攻坚项目，三峡集团投入帮扶资金627万元，新建村组道路10.5千米、桥梁2座，硬化路做到"户户通"；按照人畜分离、厨卫入户的标准，对建档立卡贫困户C、D类危房进行拆除重建、新建或修缮加固，并对全村民居进行了风貌改造；投资116万元新建引水管道25.8千米，配套建设了6个蓄水池，让自来水通到家家户户；立足资源条件，大力扶持发展产业，全村种植苹果、水果梨等经济林木602亩，每户建档立卡户种植木梨不少于200株。全村人均收入从2014年的2100元增加到4300元，翻了一番。村里还建起了文化活动场所，村内道路安装了太阳能路灯，结合人居环境提升配套建设了垃圾收集站、焚烧炉……

"坐在家门口就能收钱。"贫困户胡云彩在三峡集团的帮扶下不但盖了新房，还新种了170株苹果树和200株核桃树，养了10多头猪，2019年，苹果收入近万元，卖猪收入3万元。她在谈到对新生活的感受时动情地说："过去创收没有门道，现在在三峡集团帮扶下，通村路修好了，产业发展了，商人老板进村收农产品，现在老百姓足不出户就能卖到好价钱。这一切都是托了三峡集团干部职工的福，他们是我心中的活菩萨！"

村边的窝稿河是一条季节性河流，村民需要生产用水时往往水量小，甚至断流，可一旦到了雨季又会暴发洪水、泥石流，严重威胁村民的生命财产安全。实施治理工程后，彻底消除了山洪、泥石流等带来的安全隐患。

如今的牛窝子已发展成为远近闻名的普米族特色村寨，展现在眼前的是一幅散发着浓郁民族特色的普米山寨美丽画卷：曾经此处荒山秃岭、尘土飞扬，而今已是秀峰披绿、公路逶迤；蓝天碧瓦、山水林田，家家户户住上了独具普米建筑特色的安居房，各家各户喝上了安全洁净的自来水，以苹果、核桃、花椒为主的生态产业洋溢着勃勃生机。

"现在，我们村248户农户都实现了'两不愁三保障'"，村民小组长郭志林说，"感谢共产党，感谢三峡集团对我们的倾力帮扶，使我们村发生了翻天覆地的变化！现在村里发展条件好了，外出打工的年轻人都回家创业，老百姓自我发展的动力也足了。"

"烂泥路"变"水泥路"：路顺畅，样样都顺畅

宁蒗县普米族群众大都居住在高山深谷，千百年来沿袭着"日出而作，日落而息"的农耕生活。通村路都为土路，雨阻晴通，通达条件极差。

"路难行，事事难行。"三峡集团派驻宁蒗的扶贫干部查永久说，"老百姓希望把通村公路修通畅，方便出行和运送物资，这是走访中听到的最大诉求。"

短短4年的时间，三峡集团投入资金12957.46万元，实施了道路、饮水、文化活动场所等一批补短板项目。道路硬化工程总长224.58千米，使宁蒗县89个普米族聚居村通了水泥路，实现与县内骨干公路的有效衔接。

"做梦都没有想到公路会通到家门口！"家住西川乡金型村的建档立卡贫困户熊乔保高兴地说。熊乔保一家居住地以前不通公路，生产生活物资靠人背马驮。一家5口住在陈旧、简陋的土坯房内，家徒四壁。三峡集团帮扶后修了一条

430 米的水泥路直通到他家门口。熊乔保自筹了一部分资金，加上三峡集团帮扶资金，修了一栋砖混结构的新房，面积 80 多平方米，还配了太阳能洗澡间、厕所，畜厩搬至院墙外面，实现人畜分离。他特意选择在 2017 年 3 月 2 日乔迁新居，目的是纪念 2016 年 3 月 2 日三峡集团把普米族列为整族帮扶精准脱贫对象这一特殊日子。他说："现在通村路顺畅了，感觉做啥子事都顺畅了，生活样样好！感觉自己也像城里人一样，过上了文明、卫生、便捷的新生活。"

金型村的通村公路修好后，彻底改变了晴通雨阻的现状，实现了与丽宁二级公路的有效连接。村里的物流畅通了，有的农户还买了小型货车跑运输，日子过得一天比一天好。

此外，通过三峡集团帮扶，全县修建引水管道 308.5 千米、新建水池 206 个，使 26 个普米族聚居村的 4239 人改善了饮水困难，突破了制约生活水平提高和生产发展的瓶颈。金型村建档立卡贫困户胡阿八介绍说，村内引水工程建成后，除生活用水有了保障外，余水还可用于浇地、浇花椒树，提高了产量。2018 年，他家仅靠花椒收入就达到 2.7 万元，加上其他收入，全年收入在 4 万元以上，一举摘掉了建档立卡贫困户的帽子。

 ## "兴产业"促"固根本"：既重"输血"，更重增强"造血功能"

脱贫致富，产业为本

着眼于增强"造血功能"，夯实发展后劲，三峡集团帮扶项目重点实施了一批精准到户产业发展项目。从集团帮扶资金中安排产业发展专项资金 978 万元，县财政整合涉农资金和扶贫专项资金 30.44 万元进行配套，按照户均 1 万元奖补的标准对普米族建档立卡户发展产业给予资金扶持，并为 285 户贫困户落实了产业扶贫小额贴息贷款 1425 万元，大力扶持发展主导产业。同时，扶贫与扶智、扶志相结合，大力开展实用技术培训，使每一个贫困劳动力掌握 1~2 项实用技术，使每一个贫困户有 1 项以上长期稳定的增收产业。组建新型经济合作组织 58 个，鼓励龙头企业利用"企业（公司）+ 基地 + 农户"发展模式，把 876 户 3594 人的普米族贫困人口放到三次产业发展链条上增收致富。通过几年的发展，2018 年，普米族贫困人口的人均纯收入达到 6815 元，增长 84%。

翠玉乡官田村委会茅坪村小组普米族贫困户胡利春，一家 6 口人，两个孩

子上小学。2015 年，一场突如其来的火灾烧掉了他的房屋、家产，也烧掉了他对生活和未来的希望。被列为建档立卡贫困户后，通过三峡集团帮扶，胡利春种植烤烟 20 亩，年收益达到 6 万元；种植青椒、花椒 8 亩，年收益 1.4 万元。如今他不但重建了房屋，走上了脱贫致富路，还成了村里贫困户争相学习的脱贫致富榜样。

"没有三峡集团的帮扶，我不知道什么时候才能熬出头！"胡利春说这句话时眼里含着泪水。

三峡集团帮扶宁蒗县普米族整族脱贫攻坚项目的实施，极大地推动了宁蒗县的脱贫攻坚进程。普米村寨脱胎换骨的容颜，贫困群众凤凰涅槃的重生，见证了三峡集团对边疆少数民族的深厚情谊，镌刻着"不让一个民族掉队"的庄严承诺。小凉山普米群众的日子甜了，笑容美了，他们感恩奋进、开创新生活的信心更足了！

党建引领促发展　乡村振兴展画卷
——皆菊村脱贫攻坚纪实

皆菊村地处攀天阁乡人民政府驻地，海拔 2680 米，拥有"世界高海拔产稻区"的美誉，以远近闻名的"黑谷红米"著称。土地面积 37 平方千米，辖 16 个村民小组 9 个自然村 924 户 3229 人，其中，5 个自然村分布在坝子周边，以汉族、藏族、纳西族、普米族、傈僳族等为主，呈大杂居小聚居；其余 4 个自然村分布在高半山区，以傈僳族聚居为主。全村有耕地 5809 亩，其中水田 1359 亩，人均耕地面积 1.8 亩。全村经济收入主要以种植养殖业为主，是一个集边疆、多民族、山区、贫困于一体的贫困村。

近年来，皆菊村始终坚持把党建引领作为推动脱贫攻坚和乡村振兴的"红色引擎"，扎实开展"三特三创"，把基层党建融入乡村振兴各环节、全链条，以党建高质量推进助力乡村振兴高质量发展。

基层党建聚力筑牢乡村振兴战斗堡垒

皆菊村党总支下设 8 个党支部，其中 7 个村民小组党支部，1 个"两新"组织党支部，共有党员 215 人，其中少数民族党员 188 人，女党员 55 人，60 岁以

上党员 38 人，预备党员 7 人。皆菊村坚持以筑强战斗堡垒、强化组织保障作为推动乡村振兴发展的有效抓手。强化制度建设，把党史学习教育贯穿"三会一课"、主题党日活动，细化实化各党支部管理举措，不断推动各党支部工作规范化、组织建设标准化、作用发挥制度化，将基层组织建设、巩固拓展脱贫攻坚成果同乡村振兴有效衔接，不断提高全村基层党建工作整体水平。

特色产业支撑创建生态农业示范村

700 多年前，忽必烈率军远征大理，战败后残余部队四处逃亡，其中一小部分逃至天湖（原攀天阁坝子为高山湖泊）边居住，为了生计他们试种了许多种谷物，均得不到收获，缺粮致使活下来的人寥寥无几。濒临亡部的时候，随带牧犬衔来一棵通体黑亮的谷穗，大家把它种在湖边，当年便有收获。靠这神奇的谷种，余部慢慢壮大，形成了一个族群——西番（普米族），并开启了世界高海拔产稻区的大门。为感念这救命谷种，大家把它称作"老黑谷"。

皆菊村坚持以党建引领产业发展、产业助推乡村振兴为着力点，积极探索"党建＋产业振兴"新举措，把黑谷产业作为调整优化种植结构、增加农民收入、壮大村集体经济的优势主导产业，实施"老黑谷"提纯复状，引进迪庆州梅里雪山粮油产业开发有限公司及香格里拉永昌农业科技发展有限公司，采取"黑谷支部＋专业合作社＋基地＋农户"模式，抓黑谷产业规模化、规范化种植，全力打造"老黑谷"基地建设，2019 年起，流转皆菊村及美洛村 1836 余亩土地，每年为皆菊村增收近 420 万元，人均收入近 1300 元。

同时，皆菊村引进维西嘉祥种植有限公司和香格里拉中药材种植有限公司，再利用本村"老黑谷专业合作社"和"攀诚乡村旅游合作社"，着力提升传统种植模式，种植红心苹果、雪桃、蓝莓等水果近 1300 亩，连片种植中药材 2000 余亩，为乡村振兴打下坚实基础。

特色文化助力创建民族共荣和谐村

皆菊村坚持以社会主义核心价值观为引领，推动新时代文明实践工作走深走实，扩大移风易俗成果，切实提升乡风文明水平。

2016 年，皆菊村举办了首届迪庆维西攀天阁乡黑谷文化旅游节暨山地自行车、公路跑、环坝徒步比赛活动，确定每年 10 月 2 日为"黑谷文化旅游节"。

2018 年，乡党委、乡政府与"广东拙见公司"合作，邀请海外知名人士参加"黑谷文化旅游节"，将攀天阁和"老黑谷"品牌推向世界。2019 年，"乡村音乐创作基地"正式在皆菊村迪姑组展馆"落户"。

皆菊村迪姑村民小组村民以普米族为主，独具特色的长街宴、"苏理玛"酒、欢快的锅庄等民族元素构成了迪姑普米族多彩绚烂的文化。攀天阁坝子周边除迪姑外，其余村民小组还居住着纳西族、藏族、傈僳族和汉族，各民族在这里一起生活，随着不断地交流碰撞融合，逐渐形成了现如今和睦相处、和谐发展、谁也离不开谁的多元一体格局。

皆菊村大力开展"三美"创建、环境整治等工作，每季度评出"最美村庄""最美家庭""最美人物"；签订门前"包扫、包集、包整洁"责任制，无死角消除村容环境中存在的"脏、乱、差"等问题，以"村规民约"建立长效管理机制，营造人人参与的良好氛围，打造整洁有序的生活环境；强化基础设施建设，实施群众安全饮水、户厕改造、路面修整、绿化硬化等工程，补齐群众生活生产短板；努力突破困难"瓶颈"，以争取项目、协调上级支持等方式，推进民生实事项目取得关键性进展，持续巩固和扩大人居环境综合整治成果；结合庆祝建党100 周年系列活动，不断丰富党员、群众精神文化生活，举办"元旦节""国际三八妇女节""七一建党节"等精彩纷呈的文艺体育活动。

如今的皆菊村和谐有序，充满活力，获得"云南省文明村""迪庆州民族团结进步示范单位"等荣誉称号，群众幸福感、获得感稳步提升。

特色景观拉动创建观光体验休闲度假村

皆菊村坚持推进田园综合体开发，改善基础设施建设和村落环境，提升村落的体验性和参与性，带动周边旅游发展，带动整村群众致富，持续打造宜居宜业美丽家园。

皆菊村在迪姑村民小组建设民宿 26 户，规划统一民宿外墙、屋瓦面装饰，并对 26 户乡村旅游接待户开展服务理念培训，接待能力水平不断提升。随着乡村旅游迅速发展，不断吸引其他农户加入乡村旅游大军，外出务工青年纷纷返乡创业。皆菊村打造普米族文化村落，同时完成景观栈道、桃花溪谷、休闲区、村内道路改造、污水管网、景区绿化等配套设施建设提升工程，形成了传统与现代相融合的乡村旅游氛围。

皆菊村在糯各洛村民小组投入 40 万元实施蓝莓种植项目。进入蓝莓采摘期后，充分借助维西县电视台和网络媒体平台，大力推介皆菊村蓝莓，进一步提升皆菊村乡村旅游的知名度。2020—2021 年，到皆菊村旅游及采摘蓝莓人数近5000 人，促进群众增收。

党建引领聚合力，干字当头促发展，乡村振兴正当时，务实担当开新局。皆菊村将继续发挥党组织"火车头"和党员"主心骨"作用，坚持以夯实基础为重点、以产业发展为核心，强力点燃党建引领"红色引擎"，奋力绘就"三特三创"新时代新皆菊。

联合村里的羊头琴

兰坪县有一把琴弹得很有韵味，这把琴就是河西乡联合村杨文锦制作的普米羊头四弦琴。脱贫攻坚是 21 世纪初在中国打响的一场攻坚战役，从中央到地方，各级各部门紧紧围绕让贫困地区实现稳定脱贫，实现农村贫困人口不愁吃、不愁穿，保障其义务教育、基本医疗和住房安全的"两不愁三保障"目标，决战决胜脱贫攻坚战。通过几年的脱贫攻坚各方面措施的实施，2020 年，联合村全面实现脱贫摘帽，过上小康生活。脱贫攻坚的凯歌在联合村奏响。

联合村是普米族聚居较早的村寨之一，在兰坪普米族居住地可以说是有一定的社会作用和地位。1959 年，居住在雪盘山区的弩弓、挂登、箐头、联合等村的普米族人民群众认为，普米族自古就是重视畜牧业的民族，普米族居住的地区自然条件也不适宜"以粮为主"的方针，并向上级反映了重视畜牧业的要求。兰坪县委根据雪盘山地区宜牧不宜农的实际情况，从河西、通甸、啦井 3 个公社划出胜兴、联合、胜利、东明、弩弓和挂登 6 个生产大队，设置了安乐公社。治所在现在的弩弓村委会甸心村，安乐公社的"安乐"就是根据联合村的"安乐"这个自然村来命名的。安乐公社的基本定位是林业畜牧业，在建社之后，由于采取了因地制宜的方针，畜牧业发展很快，毁林开荒的势头得到遏制，秦归种植在全县名列前茅，挂登大队生产的巨型麻株曾运往昆明展览，并送到北京国家农业展览馆展出。1963 年，安乐公社在调整工作中被撤销，各生产大队归属原建制。

联合村的普米族与其他村寨的普米族有一定的共性，与其他各民族和睦相处，在脱贫攻坚战里携手奋进，谱写了一曲曲壮丽的脱贫之歌。

联合村共辖上安乐村、决度史村、下安乐村、坪登村、桌布村、阿贺已村、草坝子村、宗家村、上冲保村、下冲保村、托祖村 11 个村民小组，2020 年 6 月

99

底有 448 户 1658 人，村委会所在地阿贺己村距河西乡政府驻地约 20 千米。村委会驻地海拔约 2500 米，年降水量 1120 毫米。村里有普米族、傈僳族等 4 个民族共同居住在 51 平方千米的土地上，是一个典型的多民族杂居的村寨。普米族主要居住在下安乐村、坪登村一二组、桌布村、阿贺己村一二组，有 215 户 749 人；傈僳族主要居住在上安乐村、下安乐村、桌布村、托祖村，有 198 户 805 人；汉族主要居住在阿贺己村，有 23 户 68 人；藏族主要居住在上安乐村，有 12 户 36 人。联合村是一个民族大聚居与小杂居共存的村寨。全村耕地面积 10460 亩，人均 6.3 亩；林地面积 22787 亩，人均 13.7 亩。联合村有建档立卡户 192 户 669 人，对照 2013 年底全村农业人口数 1697 人，贫困发生率高达 39.42%。

联合村党总支下设 3 个党支部，10 个党小组，共有党员 75 名，其中正式党员 70 名、预备党员 5 名。建档立卡党员 8 名，占全体党员的 10.38%，属于易地搬迁户的党员有 27 名，占全体党员的 36%。

联合村的民族文化有普米族民族民间文化和傈僳族歌舞。但是主要体现在普米族的歌舞上，这里的普米族"搓磋"是大家茶余饭后或者民间集会的主角。不管是普米族，还是傈僳族，或者是藏族、汉族，都有人会弹普米的四弦琴，会跳普米族的"搓磋"。只要四弦琴一响，那舞动世界的脚步就开始让大地"震动"。

联合村在脱贫攻坚之前，村干部凝聚力不强，村里的党员缺乏活力，面对困难畏缩，遇到问题逃避，认为扶贫是党和政府的"分内事"，村民们甚至守在家门口"看"扶贫，脱贫攻坚似乎成了工作队的"独角戏"。后来在乡里和驻村工作队的协助指导下，村党总支围绕"抓党建、促脱贫"强化党员队伍管理，扎实开展"不忘初心、牢记使命"主题教育，在落实"三会一课"等制度上下功夫，抓党员素质提升，在"谋发展、断穷根"中，紧抓群众内生动力培育，推动形成了村"三委"班子团结干事、党员队伍表率干事、贫困群众主动干事的良好氛围，农村党建的新气象为打赢脱贫攻坚战提供了坚实政治保障。

党的十九大以来，联合村党总支始终自觉把加强基层党建工作，夯实党建基础，作为助推脱贫攻坚的有力抓手。①以村"两委"班子成员为代表的党员在率先脱贫、带头致富方面充分发挥了"领头雁"作用；②党员带头通过成立专业合作社，以抱团取暖的方式，帮助困难群众解决发展无路、增收无门的困境；③党总支负责人在自觉担负使命，积极传承民族文化方面做出表率；④党员志愿服务开展得有声有色，在带动乡村振兴战略中起到了"火车头"作用；⑤大力弘扬互帮互助良好传统，凝聚起各民族共同团结奋斗、共同繁荣发展的向心力；

⑥全面宣传好党的脱贫攻坚政策，不断提升群众对脱贫攻坚取得成效的知晓度、认可度；⑦先后修建了4个村民小组的党群活动室，通过"建、管、用"三管齐下，不仅有效解决了党员开展活动没有地方的"老大难"问题，而且也大大地方便了群众；⑧通过发挥好"先学示范""辅学兜底""送书兜底""送学兜底"4个作用，完成对10个党小组的兜底宣讲工作，扎实开展好"不忘初心、牢记使命"主题教育；⑨在研究全村重大事项过程中，通过充分行使"四议两公开"机制，提升基层民主治理能力、提升基层社会治理水平。

通过这一系列的工作，联合村的党员们进一步牢固树立了宗旨意识、看齐意识、先锋模范意识。在脱贫攻坚战中，党员冲在第一线，党员干部是一线上的排头兵，帮助联合村实现了脱贫致富的目标。

脱贫攻坚以来，联合村紧紧围绕"两不愁三保障"突出问题，始终把贫困户脱贫与贫困村出列标准作为工作的底线，在基础设施、公共服务、人居环境、人民群众经济增收与生活条件改善等方面取得了长足的进步。主要表现在以下方面。

1. 围绕"五个一批"实现稳定脱贫

（1）通过发展生产脱贫一批。首先，大力发展产业，群众受益多。免费发放黑毛乌骨鸡8000羽，投资32万元，带动建档立卡贫困户192户669人增收。推广种植秦艽385亩，投资77万元，带动建档立卡贫困户99户增收。实施核桃提质增效849亩，投资42万元，带动建档立卡贫困户105户增收。2020年，种植云附子400亩，覆盖54户建档立卡户；种植益母草104亩，覆盖41户建档立卡户；种植秦艽185亩，覆盖44户建档立卡户；种植桔梗55.5亩，覆盖21户建档立卡户；种植板蓝根195亩，覆盖59户建档立卡户；种植工业大麻108.5亩，覆盖37户建档立卡户。其次，积极组织外出务工，提高经济收入。全村1658人中，2020年度有劳动力人口837人，其中，外出务工508人（省外102人，州外省内119人，县内327人）。

（2）通过易地扶贫搬迁脱贫一批。抓住易地扶贫搬迁城镇化集中安置的契机，通过面对面、心贴心、一对一的宣传动员，向群众讲清楚易地扶贫搬迁政策，算细算清经济收入增长账、思想观念改变账、生产生活便利账、子孙后代成才成长机遇账、医疗方便程度账、土地林权属账和搬迁后后续发展政策红利账等"七笔账"，真正让群众知政策、明道理，彻底打消群众故土难离、不愿搬迁的思想顾虑，从根本上解决"一方水土养不起一方人"的问题。经过全方面、多层次动员，

全村 448 户 1658 人中，共有 227 户 828 人签订了三项协议（建档立卡户 111 户 389 人，随迁户 116 户 439 人），全部已经搬迁入住。

（3）通过生态补偿脱贫一批。严格落实退耕还林、公益林生态补助及草原生态补偿政策，积极申报争取护林员等生态公益岗位，优先安排建档立卡贫困人口就业，2016—2018 年，全村有护林员 31 人，2019 年新增 80 人，现共有 111 名，每人每月 800 元；护路员 10 名（与生态护林员合并），每人每月 300 元，地质监测员 2 名，每人每月 600 元；公共服务岗位 16 名，其中保洁员 14 名、扶贫信息员 2 名，每人每月 600 元。截至 2023 年，共安排公益岗位 139 人。

（4）通过发展教育脱贫一批。认真落实控辍保学责任，全面贯彻好 14 年免费教育帮扶政策，坚决用知识和技能斩断穷根，决不让贫困代际相传。截至 2019 年底，联合村适龄儿童没有一人因贫失学辍学。全村在读义务教育阶段学生 256 人，含贫困家庭子女 107 人，其中：就读小学共 77 人，均已落实免学杂费 600 元/年和免费提供教科书 90 元/年，均已落实营养改善计划，每人 800 元/年，寄宿学生均已落实生活补助 1000 元/年，没有特殊教育学生；就读初中共 30 人，均已落实免学杂费 800 元/年和免费提供教科书 180 元/年，均已落实营养改善计划，每人 800 元/年，寄宿学生均已落实生活补助 1250 元/年，没有特殊教育学生；就读高中（中专）共 36 人，均已落实免学杂费（按所在学校标准执行），均已落实生活补助 2500 元/年；就读大学（大专）共 22 人，其中 20 人享受助学贷款共计 16 万元，兰坪县农村信用社资助 22 人共计 4.4 万元，民政资助 20 人共 2 万元；就读中高等职业教育共 5 人，已落实"雨露计划"资助 5 人，得到 3000~5000 元不等的资助金。对 68 名 45 周岁以上成年人开展了国家通用语言及普通话推广培训。

（5）通过社会兜底保障脱贫一批。通过对全村贫困对象摸底调查，重点对建档立卡贫困户家庭中重病、残疾、集中供养特困人员申请帮扶，严格执行相关标准。截至 2020 年第一季度末，全村享受低保政策的有 137 户 429 人，其中 A 类 24 户 45 人，每月 350 元；B 类 54 户 154 人，每月 250 元；C 类 59 户 230 人，每月 172 元。全村 1658 人均参加医疗保险，参保率 100%。全村有五保户 10 人（其中：集中供养 3 人），月人均补助 665 元；全村有孤儿 3 人，集中供养 1 人，分散供养 2 人。全村享受农村新型养老保险补助的有 173 人，每月每人享受 75~108 元不等补助。享受高龄补助 29 人，年人均享受 720 元。全村残疾人共 80 人，其中一级残疾 17 人，二级残疾 14 人，三级残疾 37 人，四级残疾 12 人，

其中以肢体残疾居多，共48人，占60%，所有残疾人均享受到不同类型的护理补助。在最近的兜底保障对象排查梳理过程中，共有32户47人拟纳入社会兜底保障对象（其中：孤儿2户2人，特困户6户6人，低保户24户39人）。

2. 对照贫困村出列标准完成情况

对照贫困村出列7项标准，联合村已经全部达标。①村委会到乡政府2019年5月已通硬化路，且危险路段有安全防护设施。②自2004年开始，全村各组均通动力电。③全村广播电视信号覆盖率达99%以上。④2016年网络宽带已覆盖到村委会、学校和卫生室。⑤2018年建成标准化卫生室（医疗室、观察室、诊断室、药房）。⑥2019年6月建成公共服务和活动场所。⑦贫困发生率低于3%：截至2019年度动态管理结束，联合村建档立卡户中只有5户15人还没有标注脱贫，贫困发生率为0.88%；截至2020年5月底，通过实施社会兜底保障，全部脱贫，实现贫困发生率"清零"目标。

3. 对照贫困户退出标准完成情况

对照贫困人口脱贫的五项指标，联合村的情况如下：

（1）人均纯收入基本达标。村群众的收入来源主要靠外出务工、种植业、养殖业三项，按照前期收入测算情况，按2020年度人均年纯收入不低于4000元的标准，初步预计，全部能够达标。

（2）住房安全有保障。住房安全方面，通过2个途径解决：一是易地扶贫搬迁。联合村易地扶贫搬迁共有227户828人，全部搬迁入住；二是通过危房改造实现住房安全。自2017年以来，上级住建部门将联合村17户农户房屋认定为C、D危房，其中2017年认定四类对象11户；2018年新增非四类对象2户；2019年新增非四类对象3户，四类对象1户。17户均完成竣工验收、资金拨付以及"两牌"挂贴工作。在危房"清零"排查过程中，联合村进一步排查出5户需要改造对象，已经全部改造完毕。

103

（3）义务教育全面实施。学校建设前所未有，投资430万元，建起了功能全、设备齐的全新学校。怒江州实施14年免费教育（学前2年，义务教育9年，高中阶段3年），除义务教育阶段"两免一补"外，还免除了学前2年在园幼儿保教费，普通高中在校生学费、教科书费和住宿费。截至目前，联合村没有发现一名适龄儿童失学辍学的情况。

（4）基本医疗得到全面保障。在村里建设了一个规范化的医疗室，配备有乡村医生上岗，实现小病不出村。全村所有人员都参加了基本医疗保险、大病保

险，医疗救助有保障，已经达标。

（5）全村已通自来水，实现了饮水安全。按照《云南省贫困退出标准和脱贫成果巩固要求指标说明的通知》（云开组〔2019〕9号）文件精神，水量、水质、用水方便程度、供水保证率均已达标。

嘹亮的凯歌奏响在决战决胜脱贫攻坚这场战役中，联合村从问题迷茫中起步，在困境中艰难前行，于云开雾散中收获，这来之不易的成绩，既归功于党中央、国务院的领导，以及省州县道路硬化乡各级党委、政府的强力推动，也离不开各级帮扶部门、驻村工作队的责任落实和辛勤付出，更得益于贫困群众自力更生谋发展的思想观念改变、能力素质提升、内生动力迸发。总结脱贫攻坚这一路的风雨兼程，联合村把握住了"精准扶贫"的内在精髓，实现了扶贫与扶"志"、扶"智"的紧密融合，深刻诠释了"党建引领、精准施策、因地制宜、补齐短板"的十六字扶贫要诀。

党建引领，以人为本，精准施策是关键

在脱贫攻坚战里，充分发挥党组织和党员的引领带头示范作用，从建档立卡贫困户的精准识别、动态管理到项目安排的合理布局、稳步实施，再到资金使用的规范管理、公开透明，以及国家扶贫政策的全面覆盖，联合村始终落实精准内在要求，在政策和群众之间搭建起一条惠民便桥，为全村建档立卡贫困户实现"两不愁三保障"提供了有力的支撑。村级施工图立足"村村实、户户清"，紧盯"靶心"施策，围绕易地扶贫搬迁、适龄青少年就学、基本医疗保障、就业扶贫、产业扶贫等民生内容，从项目建设地点、性质规模、时间进度、投入资金，分别作了明确的规定，以保证政策、项目、产业落地过程的既精又准。

杨文锦既是联合村的总支书记，又是云南省非物质文化遗产保护项目普米族传统音乐《四弦舞乐》代表性传承人。他一方面带领大家脱贫攻坚，另一方面，在处理好村里的所有事务的同时，不忘发挥自己的一技之长，从文化做事，从文化着手，带领联合村民们弘扬自己民族的文化，从文化唤醒民族的自豪感，用民族文化来振奋民族精神。杨文锦是普米族羊头四弦琴的制造者，也是弹奏者、表演者。他较全面地掌握了普米族四弦舞乐十二套曲目的弹奏，变奏熟练自如，对弦法、调式、音准有特殊的悟性，他可以用四弦琴弹奏各种乐曲，模仿各民族的民间乐器和乐曲，演奏出神入化。十几年来，他先后应邀到上海、香港、澳门

等沿海城市演出。2008 年 10 月，在中央电视台《民歌中国》，他和普米族同胞一同展示了普米族非物质文化遗产保护项目《四弦舞乐》及《搓磋》。2014 年，北京舞蹈学院邀请他和另外一个普米族同胞省级非物质文化传承人李海术去教授国家级非物质文化遗产保护项目《搓蹉》。

普米羊头四弦琴在兰坪很受欢迎，不仅仅是普米族，其他民族也非常钟爱。杨文锦自己每做出一把琴，还没焐热就被亲朋好友抢去，后来他便萌发了创建制作四弦琴作坊的想法，他克服重重困难，筹资购买机器，进行批量生产。他对每把羊头琴都倾注了情感和心血，力求精益求精，先后招收学徒 5 批 30 人次，如今他们基本掌握制作工艺。他不仅免费招收学徒，还无偿提供给他们食宿。有的徒弟就一直留在作坊工作，后来每年能制作白族、普米族、傈僳族等民族乐器二三百件，除当地群众购买外，部分乐器销往昆明、北京、上海，以及亚、欧、美洲部分地区，还有的被北京美术学院、北京舞蹈学院、云南大学、贵阳大学等单位收藏。

为了传承好民族文化血脉，守护好民族精神家园，更好地弘扬普米族传统文化，2016 年，杨文锦成立了兰坪县华科民族工艺有限公司。该公司以制作民族民间工艺品、民族服装设计、民族手工艺文化传播为主，兼营家庭经济开发、农特产品加工、销售，经济林果、药材种植及销售，家畜家禽养殖及销售，演艺活动策划及经纪等。

杨文锦经常动员各民族的男女青年，学习弹奏羊头琴。各民族同胞只要喜好四弦舞乐的他都接纳收为徒弟。徒弟们学会后，又鼓励他们当起师傅，去教其他村寨的人弹奏。徒弟教徒弟，他还给徒弟发课时费，徒弟教的徒弟学会后他就奖励一把琴给徒孙。学琴、弹琴通宵达旦，良性循环，歌舞普及村村寨寨。在联合村，乃至兰坪县周围的很多地方，都有杨文锦的学生。他特别关注残疾人等弱势群体，对搬迁富余劳动力进行职业技能培训，吸纳到他的公司里，提高他们的收入。他说，文化传承就是要保住民族的根，民族文化丢失了，这个民族就要消失了。我们要有文化自信，一定要把民族文化传承好，文化传承也可以脱贫致富。

杨文锦在做好文化传承的同时，也更注重带领乡亲们大力种植经济林木和中药材。他自己也种植花椒、漆树、青刺果、核桃、苹果、梅子、木瓜等 50 多亩，林下还种植中药材桔梗、续断、附子、秦艽、重楼等，通过种植产业的发展来促进脱贫攻坚和实现奔小康的目标。他说，农村还是大有作为的，只要你肯动脑筋、肯苦干实干，随处都可以发家致富。中央电视台记者在采访他时，他还不失幽默

地调侃："行走在杨文锦家，一不留神就踩着钱。"

2013年，杨文锦荣获"第五届云南省百名拔尖农村乡土人才"奖；2015年，获州"民族团结进步先进个人"奖；2018年，他创办的企业荣获"云南省民族民间工艺品企业"奖。

实事求是，因人而异，因地制宜是核心

特殊的村情贫情实际情况，决定了联合村在脱贫攻坚实施过程中不该一张大饼铺开，也不能千篇一律参照其他村依葫芦画瓢，只有做到依势而行、因地制宜，抓住穷根穷原因"对症下药"，才能实现扶贫之箭不偏不倚。本着实现贫困缓解和生态环境保护双赢目标，在"应搬尽搬"惠民政策普照下，完成4个村民小组整组搬迁，搬迁户数总量和人口比例在整个河西乡都名列前茅。

上安乐村是联合村委会实施整村搬迁的一个自然村，赵桥生是这个村里的搬迁户之一，傈僳族，今年46岁，家里有4口人。他说：女儿在读大学，老二是儿子，在读8年级。在老家饿是饿不死，可是饱也饱不起，一家人的生活在村里过得紧巴巴的，在农村里，我家的田地里种不出供大学的费用。特别是有点土特产去卖，车费去了三四十元，在街上吃顿晌午饭就再也没有什么了。村子里去河西街路途遥远，特别是看病非常不方便，孩子读书更是不放心，增加了不少的家庭负担。现在，国家政策太好了，在县城给了我们房子，还给我安排了护林员岗位，每个月都有800元的收入，也给我老婆安排了临时工工作，一家人的生活从来没有这么幸福过。说到这里，赵桥生脸上洋溢出满足的笑容。他继续说：挂帮的干部真贴心，不仅向我们宣传党的好政策，还教我们怎样适应城市生活。现在党的政策这么好，我不仅满足政府给我的帮助，在下班以后还打零工挣钱供孩子读书。我记得总书记的话"幸福是奋斗出来的"。

补齐短板，增强活力是根本

过去，交通、通信等基础设施以及教育、住房、医疗、卫生等公共服务的"营养不良"，增加了老百姓的生存代价、生活成本，因病或因灾致贫返贫几乎是"家常便饭"，成为制约联合村健康有序发展的硬伤和短板。联合村借助脱贫攻坚东风紧盯基础设施短板，本着弱什么强什么、缺什么补什么的原则，通过完善基础

设施、探索产业发展模式，提升人居环境、增强群众感恩意识，把打牢发展底子、夯实发展厚度作为农民增收、农业发展、农村进步的主攻方向。趁着整村搬迁的东风，为下一步乡村振兴的精准衔接创造条件。

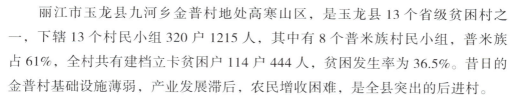

整族帮扶补短板　凝聚合力谱新篇

——三峡集团帮扶玉龙县九河乡

金普村经验交流材料

丽江市玉龙县九河乡金普村地处高寒山区，是玉龙县 13 个省级贫困村之一，下辖 13 个村民小组 320 户 1215 人，其中有 8 个普米族村民小组，普米族占 61%，全村共有建档立卡贫困户 114 户 444 人，贫困发生率为 36.5%。昔日的金普村基础设施薄弱，产业发展滞后，农民增收困难，是全县突出的后进村。

2016 年，三峡集团计划分 3 年投资 1000 万元在金普村实施普米族整族帮扶精准脱贫攻坚项目，按照"六个精准"的要求，着力实施对普米族聚居村帮扶的六大工程（劳动者素质提升、技能和劳务输出培训、安居房建设、改善基础设施、产业发展、生态环境保护），切实加强普米村寨基础建设，深入帮扶普米族群众产业发展，大力支持普米族文化传承发展，积极推进普米族群众与其他兄弟民族共同团结奋斗、共同繁荣发展，实现各族贫困群众共奔小康。

切实加强普米村寨基础建设

脱贫攻坚开始以前，金普村唯一的进村主道仍为弹石路面，村组连接道路和入户道路多为土路，一些年长的老人可能一辈子也没到过山下坝区几次，没有几户群众有能力改造房屋、建设新房。

脱贫攻坚开始以来，三峡集团已到位的 669 万元普米族整族帮扶精准脱贫攻坚项目中，已投入 525.9632 万元，实施完成涉及 6 个村组 17.25 千米道路硬化、2 个村组活动中心建设、1 个村组提水站建设和到户路灯及活动场所路灯建设，结合各级部门实施的基础设施建设项目。目前，金普村已有 3 条通村水泥道路，村组道路和入户道路全部实现硬化，山区群众饮水不安全和饮水难的问题得到彻底解决，实现村村通电通水通路，群众生活条件明显改善。

深入帮扶普米族群众产业发展

金普村土地广袤、气候适宜，是发展高原特色种植养殖产业的良好区域。但由于长期以来交通不便、信息闭塞，群众仅依靠原始的劳作方式在山区种植农作物维持生计。脱贫攻坚开始以来，随着道路交通条件不断改善，金普村迎来了产业发展新契机。

三峡集团普米族整族帮扶精准脱贫攻坚项目投入 46.2 万元用于特色产业培育，投入 10 万元用于种植养殖及职业技能培训。为有效带动建档立卡贫困户实现脱贫，2016 年，在建档立卡贫困户自觉自愿的前提下，金普村党总支牵头整合三峡集团产业扶持资金和政府统筹资金共 56.2 万元，成立"金普 84 迈康种植养殖专业合作社"（寓意 84 个贫困户共奔小康），将 2015 年仍未脱贫的 84 户建档立卡贫困户纳入合作社，按照每户 2 亩的标准流转土地 168 亩种植山葵，因地制宜发展订单农业，架起产业、农户和市场的纽带和桥梁。贫困户除在基地得到分红外，还可优先到基地务工，获得劳务报酬，建立持续增收机制。2017 年 10 月，84 户社员第一次分红 6.04 万元，2018 年 10 月将进行第二次分红。

金普 84 迈康种植养殖专业合作社在带动贫困群众发展方面取得显著成效的同时，金普村在发展高原特色中药材种植业的良好优势也不断显现。部分党员和致富带头人成立了 60 多个种植养殖合作社，带领群众发展重楼、黑山羊、肉牛、蜂蜜、本地土猪等种养殖业，产业项目和经济组织基本覆盖所有贫困户，带动 198 户 625 人增收致富。一批外来企业进驻金普村，流转土地 1200 余亩发展重楼、当归、党参、黄芪、贝母等中药材种植，有效带动金普等 9 个村委会剩余劳动力就近就业增收。金普村充分利用三峡集团产业扶持资金，发挥本地优势，引项目、招大商、优服务、强基础、促产业，有效带动贫困群众脱贫致富。

大力支持普米文化传承发展

长期居住在山区的金普村普米族群众由于交通不便、产业发展滞后，贫困面广，除了残破的木楞房和口口相传的普米语言外，已找不到任何普米文化气息。

为不断增强普米族群众的民族文化认同感和归属感，激发普米族群众脱贫致富、干事创业的信心和决心，三峡集团普米族整族帮扶精准脱贫攻坚项目投入80.7368万元，实施61户普米族建档立卡贫困户普米族特色民居改造，普米火塘、普米图腾和普米墙绘逐步完善。配合三峡集团普米族整族帮扶精准脱贫攻坚项目，县人民政府投入195.0552万元实施金普村普米族村寨大门和140户非建档立卡普米族群众特色民居改造项目，乡人民政府自筹资金15万元实施金普村"普米民俗文化展示馆"建设，村委会协调资金3万元指派3名普米族群众外出学习普米族韩规文化。

目前，金普村普米文化元素随处可见，浓浓的普米文化气息扑面而来。金普村还组建了普米族"党建文艺宣传队"，用少数民族语言，以快板、乐舞等形式通俗易懂地宣传党的惠民政策和扶贫政策，为金普村全面建成小康社会营造良好的文化软环境，金普村各族群众在团结、进步、包容、共享的氛围中努力打赢脱贫攻坚战，为金普村建成民族团结示范村打下坚实基础。

金普村将继续实施普米族整族帮扶精准脱贫攻坚2018年项目，完善幼儿园、活动场所及垃圾焚烧炉建设，加强普米族群众产业技能培训，进一步拓展三峡集团帮扶深度，有效促进普米族群众脱贫致富。得益于三峡集团普米族整族帮扶精准脱贫攻坚项目的实施，金普村基础设施得到明显改善，产业发展不断壮大，民风民俗逐渐好转，民族文化进一步发展，脱贫攻坚工作取得明显成效，全村实现脱贫112户441人，贫困发生率降至0.25%。如今的金普村，各民族像石榴籽一样紧紧抱在一起，呈现出共同团结奋斗、共同繁荣发展的良好局面。

深山走出脱贫路

云南人口较少民族脱贫发展之路

事在人为：
榜样的力量

病魔摧残不了我对美好生活的向往
——新营盘乡牛窝子村建档立卡户甲初哈亩的脱贫故事

我叫甲初哈亩，今年46岁，一个很普通的普米族传统妇女，2000年嫁到新营盘乡牛窝子村民小组，现有家庭成员4人，我和75岁的婆婆及两个孩子。目前两个孩子都在读书，长女在四川读大专，小女儿在县城读高中。未列入建档立卡户之前，我家人均纯收入在1320元左右，因病、因学、劳动力不足等因素导致家庭贫困，住房破旧不堪、吃水困难、生产发展起不来，我想打工也去不了（需要在家照顾老人和孩子），家庭经济收入微薄。

1999年，小叔子因肝癌去世；2005年，34岁的丈夫因肾衰竭去世；2014年，公公因食道癌去世……2014年底之前，我的生活感觉像有阴霾笼罩，每天都感觉心力交瘁，我都记不起那些日子是怎么熬过来的，生活的一段段辛酸往事却历历在目，亲人因病相继逝世，生活感觉被病魔摧残着、撕扯着……多少个晚上我哭着睡着，早晨哆嗦着起床迎接一天的操心操劳，治病得想办法筹钱，孩子得上学，老人得照顾，拆东墙补西墙，上有老下有小，整个家庭因治病、孩子读书及生活必要开销等硬性支出导致举债度日。我欲哭无泪，只得咬紧牙关坚持着把家庭撑起来，家庭负担几乎要压垮我瘦弱的身体……但我心里又想着孩子，想着老人，不管日子有多苦，日子还得过，人要靠勤劳，不怨天尤人，安守做人的本分。我深信没有迈不过去的坎，"人活一口气""人在家还在"。亲朋好友以及当地党委、政府给予了一定的关心、关怀和照顾，给了我很大的鼓舞和生活下去的勇气，生活得以勉强维持。在家庭劳动力缺乏、收入低的时候，我几乎一个人支撑起家庭，起早贪黑，照顾老人、供养两个孩子，这样过一天是一天，每天重复着烧火、煮饭、喂猪、割猪草等繁杂的家务，心

里想着如何保持家庭火塘里的子母灰不冷，婆婆有火塘烤火，孩子有学上，每天清早给锅庄烧上柏香，祈祷家庭往后日子滇巴尔曲（吉祥如意的意思）……我只做了一名普通传统普米族妇女本分的事情，说要改变家庭当时的贫困现状，简直是不敢想的……说实话，过去都靠自己的自尊和对家庭的爱把生活扛着，个中的辛酸和苦楚只有自己才能体会，直到党的精准扶贫政策实施。2015年，我的家庭被评定为建档立卡贫困户，让我真切感受到了冬日太阳般的温暖，像有人把我的家庭从阴霾之中拉到了阳光底下。工作人员详细了解了我的家庭情况，家里有什么，土地有几亩，种了什么，养了什么……进行了认真细致的研究，我家往后的脱贫路子怎么走，他们给我指出了很好的帮扶路子，这让我看到了生活是朝着美好的方向发展的，我所有的坚持和付出，换来了生活阴霾的散去，迎来了党的精准扶贫政策，感觉自己被解放了，生活有了盼头，感觉自己真的很幸运，共产党要帮我这个贫困家庭消灭贫困，这种帮扶和决心，前所未有，我被深深感动，感觉自己也像换了一个人，我的笑容终于绽开了，我的操心操劳也变少了，我更相信通过党的好政策，同时通过自身的勤劳和善良，我的家庭一定能脱贫。

2015年我家被列为建档立卡户，在党的政策支持及三峡集团的悉心帮扶下，目前我家已住进了崭新的房子，院坝是水泥的，还有卫生间，有太阳能……产业也发展起来了，种植苹果树50棵、核桃树100棵、木梨树200棵，还有一个蔬菜大棚；养了2匹马、1匹骡子、3头母猪、15头小猪、20多只鸡……一年下来收入在2万~3万元。

现在我家的生活过得越来越好，往后的日子我深信生活只会越来越美满，因为听说国家接着要对农村实施更好的政策，当地群众都觉得日子只会越来越有

盼头。以前吃水是挑起吃，路是泥巴路，现在形势大好、政策大好，自来水引到了家中，水泥路修到了家门口，吃也不愁，穿也不缺，住房安全稳固，孩子上学也有保障，看病有医保……以前从没有想过会过上今天这么好的日子，这一切都得感谢为人民服务的中国共产党，我们一家人打心底感激党的好政策，同时也感谢地方党委、政府，特别感谢三峡集团的悉心帮扶，感谢不辞辛劳的驻村工作队员，"吃水不忘挖井人"，我将把恩情铭记于心，勤俭持家，主动巩固脱贫成效，把日子过得越来越红火。

和卫芳："我们普米人赶上来了"

在维西县攀天阁乡皆菊村迪姑组有一名普米族贫困妇女，她不但具有中国传统妇女朴素和勤劳的美德，更具有新时期农村妇女的精明能干和开拓进取的精神，她在脱贫致富的道路上，敢想、敢干、敢拼，只要认准的事，不管有多么困难，必定做到排除万难，不达目的不罢休。她就是当地脱贫致富的带头人——和卫芳。

"这几年，我们家在三峡集团的帮助下，住进了好房子，过上了好日子。我们普米人赶上来了。"谈到这几年的变化时，精准扶贫建档立卡户和卫芳禁不住热泪盈眶。

怎能不让人感动呢？5年前，和卫芳的丈夫去世了，丢下一个70多岁的老人和两个年幼的孩子，家庭的重担全部压在和卫芳一个人的肩膀上。和卫芳很勤劳，但难以摆脱贫困命运，贫穷像一座大山压得她喘不过气。2016年，和卫芳一家人均收入还不到2000元。

和卫芳（供图：陈鑫）

人人都向往幸福生活，和卫芳也不例外。用她的话说就是："我很想过上体面的日子，很想通过自己勤劳的双手改变贫穷命运，不用为生计发愁，但无论怎么努力也难以摘掉贫困帽子，一家人在人前很没有面子，心里很难过。"

"小康路上不让一个人掉队"的承诺化作和煦春风温暖了和卫芳一家人的心，也温暖了普米人的心。

2016 年至今，在三峡集团的帮助下，和卫芳家的住房改造工程全面完成，全家人住进了具有普米族建筑风格的安居房，宽敞明亮，干净整洁，具备了接待游客食宿的能力。和卫芳一家人不仅"面子"好看了，而且"里子"也好起来了，吃穿不用发愁了。

"我们家的日子越来越好了，我要感谢旅游专业合作社，感谢三峡集团的帮扶。"说罢，和卫芳的脸上绽放出灿烂的笑容。

旅游基础设施逐步改善了，乡村旅游业逐步发展了起来，与旅游业发展相适应，攀诚乡村旅游专业合作社成立了。2017 年，和卫芳加入了攀诚乡村旅游专业合作社。加入专业合作社后，和卫芳在三峡集团的帮助下，发展了黑谷、土鸡、天麻种养殖业，更让她高兴的是，加入合作社后，黑谷、天麻值钱了，价格比以前翻了一倍。2018 年，和卫芳家实现人均可支配收入 7200 元，摘掉了贫

村民收割黑谷（供图：陈鑫）

困帽子。靠着乡村旅游业摘掉贫困帽子的和卫芳尽管一天忙到两头黑，但她的心里甜蜜蜜的。她逢人就说："摘掉贫困帽子，一家人过上好日子，一家人有了面子，有了做人的尊严。再苦再累也觉得甜。"

和卫芳家还有两笔收入：一笔是她被聘为生态管护员，一年近10000元收入；另一笔是加入维西攀农黑谷农民专业合作社，种植黑谷及药材的收入。2019年，她们家土地流转于永昌科技农业服务公司，在永昌农业科技有限责任公司务工收入3000余元。她们家还加入维西雪松生态养殖农民专业合作社，种植天麻20塘。

和卫芳自己日子好过了也不忘帮助乡亲们。她全力配合村"两委"和驻村工作队开展各项工作，积极参加各项村级活动，严格落实村级会议精神，耐心细致地向村民讲解政策，积极参加政府组织的各项活动及培训，并将所学知识充分利用到实际生活中，她对待父老乡亲的事情就像对待自己的事情一样。渐渐地和卫芳取得了村民的认可，村民有什么事情都会和她反映，她也总是能把村民反映的事情上报社干，协助社干解决好。社里有好的政策项目，上级安排她去实施，她都会说把这些让给那些更需要的人去做，社里安排低保，她都是第一时间主动和群众解释低保政策，并在大家推荐她享受低保的时候主动让出来，说："一个人要多替别人着想，政府和三峡集团帮扶我们家的够多了，我不能老是戴着贫困帽子享受低保。"

皆菊村正是因为有了像和卫芳这样有大局意识、懂政策的村民的鼎力支持，各项工作才能顺利推进。和卫芳在自己赚到钱的情况下没有忘记身边的群众，她主动带动身边的群众和她一起接待游客，在闲余之时她还把烹饪技术无偿地教给村民。在她的传、帮、带下，皆菊村的种植、养殖业和乡村旅游业得到迅速发展。

普米人心中有"三峡"
——三峡集团帮扶普米族精准脱贫工作纪实

　　小康路上一个民族都不会少。2020 年 4 月 8 日，云南省决战决胜脱贫攻坚新闻发布会宣布，普米族实现整体脱贫，这个在中华人民共和国成立后从原始社会直接过渡到社会主义社会的"直过民族"，实现了民族发展历程中的又一次飞跃。在这一伟大进程中，一家中央企业与普米人"结缘"，用付出和担当在当地群众心中树起一座丰碑。

1. 普米人结下"三峡缘"

　　普米族是云南省特有少数民族，是云南省脱贫攻坚中的难中之难，坚中之坚。如何攻克脱贫攻坚战中的深沟固垒？云南省创造性地提出"一个民族一个行动计划""一个民族一个集团帮扶"的扶贫工作模式，与普米族结缘的是与云南有着深厚渊源的三峡集团。

精准扶贫前的普米族山村（供图：刘雨）

2016 年 3 月，三峡集团与云南省政府签订《支持云南省人口较少民族精准脱贫攻坚合作协议》，2016—2019 年投入 20 亿元帮扶资金，围绕能力素质提升、劳务输出、安居工程建设、特色产业培育、改善基础设施、生态环境保护六大工程对云南怒族、普米族、景颇族三个"直过民族"和人口较少民族给予持续帮扶。

据 2010 年第六次全国人口普查统计，全国普米族总人口为 42861 人，居于云南省的有 42043 人，主要分布在云南省西北部高原的兰坪白族普米族自治县和宁蒗彝族自治县，少数分布于丽江市玉龙纳西族自治县，迪庆藏族自治州的维西傈僳族自治县、香格里拉市等地。

三峡集团援建的通村路
（摄影：黄正平）

三峡集团修建的通组公路
（供图：陈鑫）

改造后的普米族特色安居房（供图：陈鑫）

　　为帮助普米族群众早日走上致富路，三峡集团不惧其难，不辞其咎，既打出多措并举、互相协调的组合拳，又因地制宜、"一村一策"下足绣花功夫。2016年以来，三峡集团累计投入6.7亿元对普米族进行整族帮扶，普米族贫困发生率由2014年的22.58%降至2019年底的0.78%，实现整族脱贫。

普米群众喜获丰收（供图：陈鑫）

截至 2020 年 3 月底，三峡集团在普米族聚居区内累计建设农村学前教育校舍 13 所、建设标准化农村中小学校 2 所、组织职业技能培训 780 人次、劳务输出 890 人次、实施农村安居房建设及危房改造 5288 户、房屋美化亮化工程 1350 户、种植经济作物 5617 亩、养殖猪牛羊等畜类 11194 头、鸡鸭鹅等禽类 7680 只、发展农村专业合作组织 9 个、培育特色农户 194 户、村内道路硬化 366 千米、饮水安全巩固提升工程 92 个、村级社区服务站 17 个、安装太阳能路灯 2135 盏、热水器 420 户、建设乡（镇）垃圾处理工程 180 个、农村畜圈改造 1825 户、残疾人家庭无障碍设施改造 1052 户、捐赠标准化卫生室医疗器械 84 套。

四年时间，真心帮扶，天翻地覆的变化出现在一座座普米村寨，越来越欢欣爽朗的笑声洋溢在一户户普米人家。

2. 幸福的歌儿唱起来

"精准扶贫政策好，三峡集团来帮扶，修了公路修房子，发展黑谷兴旅游，日子一天更比一天好，党的恩情说不完……"嘹亮的歌声从位于维西县攀天阁乡皆菊村的和卫芳家飘来。

曾经，贫穷就像一座山，压得和卫芳喘不过气。

和卫芳站在自家门口，幸福地笑着

（摄影：秦明硕）

119

"我每天起早贪黑地忙活，就是想通过自己的双手过上好日子，不再为生计发愁，但是这里条件太差，无论怎么努力都无法摆脱贫困，真的很无助。"忆及辛酸苦楚，和卫芳双眼湿润。2016年之前，她家年收入还不足2000元。

攀天阁坝子风光

（摄影：黄正平）

和卫芳和村民们一起载歌载舞

（摄影：黄正平）

三峡集团对普米族的整族帮扶，给和卫芳家带来对美好生活的憧憬。

通过三峡集团的帮扶，皆菊普米族村落的道路、住房等条件很快都得到了改善。和卫芳家趁着三峡帮扶的"东风"，对房屋进行了改造，全家人住进了具有普米族建筑风格的安居房。改造后的房子干净整洁、宽敞明亮，还能当"民宿"。

每年都有四面八方的游客来到攀天阁乡皆菊村，体验普米族民俗。他们住的是普米族民居，吃的是和卫芳和村民们自己生产的老黑谷、当地土鸡等特色食品。他们白天欣赏攀天阁坝子风光，晚上在火塘边听普米族民间歌手对歌。

"临别时，我给他们装了些自家的土特产代表我的心意。"细心热情的和卫芳赢得了不少回头客。"每年黑谷节时，他们都会来我家吃住。"

"我们家在政府和三峡集团的帮助下，住进了好房子，过上了好日子，我们普米人赶上来了！"谈到这几年的变化，和卫芳的脸上绽放出灿烂的笑容。

三峡集团挂职干部、维西县扶贫办副主任邹春保介绍，由于实施乡村旅游扶贫措施，皆菊村迪姑村民小组精准扶贫的所有建档立卡贫困户，今年全部脱贫摘帽。

变化不止出现在皆菊村，在三峡集团的策划和帮扶下，"世界最高海拔产稻区""世界第一品牌老黑谷""普米族文化"等成为发展乡村旅游的"金字招牌"。乡村旅游业覆盖了所有普米族精准扶贫建档立卡户。

3. 美丽的画卷铺展开

云南省玉龙县九河乡金普村的大部分耕地是坡地，村民靠种植玉米、土豆为生，自我发展能力较弱，全村 320 户村民，大部分住在危房里，生活困顿，是玉龙县典型的特困村之一。

为啃下这块"硬骨头"，三峡集团经过多次走访调研，决定以恢复普米特色民居工程打头阵，不仅给予每户 1.4 万元的帮扶资金，改善普米族群众的住房，还根据农户的实际情况制定产业发展规划。

熊杰是金普村人，2014 年他家被精准识别为建档立卡户时，母亲常年卧床，三个女儿正在读书。夫妻俩愁孩子的学费、生活费，还要挣钱给母亲看病……日子过得艰难。"家里住的房子快要倒了，一到雨天外面下大雨，屋里下小雨，但就是没钱修补。"忆及从前，熊杰满是心酸。

三峡集团对普米族同胞的真情帮扶，给熊杰家带来希望。他利用三峡集团帮扶的资金，买了 10 只山羊，种了附子、重楼等中药材，还有山葵等经济作物。

家里有了稳定收入，第二年就顺利脱去贫困帽。"多亏党和国家的好政策，家里修缮住房、圈房有补助款，三峡集团还帮我们修了通村路，建了普米族火塘，装饰了普米族墙绘，还有产业帮扶……"熊杰满怀感激地说。

熊杰家是三峡集团帮扶普米族群众脱贫的一个缩影。近年来，通过三峡集团对普米族实施的精准帮扶，金普村如一幅徐徐展开的美丽画卷：一幢幢民居翻修一新，一条条水泥路干净整洁，一面面墙绘亮丽耀眼，一株株山葵青翠欲滴，一群群牛羊温顺可爱……

带有普米特色的金普村寨门
（摄影：秦明硕）

4.满满的感激装心里

云南省宁蒗县新营盘乡牛窝子村，是全国最大的普米族聚居村，也是全国"人口较少民族"整族脱贫帮扶重点村。全村共有 231 户 800 人，都是普米族群众，其中有 33 户是建档立卡贫困户。

胡云彩家曾是村里的建档立卡户，老公患有慢性病不能干重活，两个正在读书的女儿需要抚养，家庭的重担全部压在她柔弱的肩上。

"我们村的土地都是干的，没有水，什么都种不活。"胡云彩说，"我每天都要到 1000 米开外的沟子里去背水，往返就要半天，再没力气做其他事情。"

牛窝子村寨门
（摄影：黄正平）

　　转机出现在 2016 年。随着脱贫攻坚战的深入推进，牛窝子村被纳入"全国人口较少民族"整族脱贫帮扶重点村，在当地政府和三峡集团的帮扶下，牛窝子村水、电、路等基础设施和公共服务有了显著改善，告别了过去"晴天一身灰，雨天一身泥，吃水靠人背"的苦日子。

　　胡云彩家利用三峡集团提供的帮扶资金，告别了破旧拥挤的木楞房，住上了安全坚固具有普米特色的安居房，还用上了太阳能热水器。

　　安居更能乐业。打破了制约发展的瓶颈，胡云彩家看到了靠自己双手脱贫致富的希望，干劲更足了。在三峡集团的帮扶下，她不仅把种植业发展得有声有色，养殖业也是做得风生水起。

　　"我老公在村里干着公益性岗位，我养猪也赚了不少钱，种植果树也有一部分收入，两个女儿上大学还得到过政府资助。"胡云彩感激地说，"家里有了稳定收入，我们家顺利摘掉了贫困帽。大女儿已参加工作，小女儿在上大学，现在的日子越来越有奔头了！"

　　伴着脱贫攻坚的春风，牛窝子村这个昔日贫穷落后的普米村寨，实现了"村有主导产业，户有致富门路"，全村 33 户建档立卡户于 2019 年底全部实现脱贫。

"党和国家的政策好，只要勤劳肯干，我们普米群众也能过上好日子。"胡云彩满怀深情地说，"'三峡集团'这个名字已深深地印在我们普米人心中。"

胡云彩在自家院子里幸福地笑着
（摄影：秦明硕）

胡云彩（左三）和村民们在一起
（摄影：秦明硕）

镌刻在小凉山的足迹
——查永久驻村工作笔记

　　"小凉山"，顾名思义，这个地方很小，山多，而且气候冷凉。是的，小凉山很小，用普米族诗人鲁若迪基的诗来描述，那就是："小凉山很小，只有我的眼睛那么大，我闭上眼，它就天黑了。"

　　是的，小凉山很小，在普米族诗人眼里，却是他的整个白天和黑夜。要不是受三峡集团派驻在这里参与脱贫攻坚，我也许难以理解诗人对这片土地的深情。在这里奋斗的两年时间，我看到了这里的贫穷，也看到了这里的变化和希望。

　　当世代生长在这里的普米族群众实现整族脱贫，历史性告别绝对贫困的消息从云南省决战决胜脱贫攻坚新闻发布会传来，我知道三峡情已融入普米族群众心间，我在小凉山留下的足迹，也终于开出了芬芳的花朵。

小凉山普米族村落一角（供图：陈鑫）

　　"小凉山"，其实就是云南省丽江市的宁蒗彝族自治县，位于滇西北滇川交界处，是一个集"山、少、偏、穷、特"于一体的深度贫困地区。全县总面积6025平方千米，山区面积占总面积的98.4％，平均海拔3000米。这里居住着彝族、

通往普米村寨的道路（供图：陈鑫）

普米族的花样少年（供图：陈鑫）

美丽的普米村庄（供图：陈鑫）

汉族、纳西族等12个民族，少数民族人口22.7万人，占总人口的83.2%。贫困面大、贫困程度深，先后被列为国家级贫困县、国家扶贫开发重点县，是云南省27个深度贫困县之一，也是全省八大少数民族贫困山区之一。其社会发展背景特殊，是一个从原始共耕制、奴隶制、封建领主制并存的多种社会形态，经民主改革"一步跨千年"直接过渡到社会主义社会的特殊县份。

2018年6月，经三峡集团统一安排和公司层层选拔，我来到云南省丽江市挂职市扶贫办社会扶贫帮扶科副科长、宁蒗县扶贫办副主任，配合地方政府共同推进人口较少民族普米族脱贫攻坚工作。

普米族是一个拥有悠久历史文化的民族，全族共有42861人，属人口较少民族，主要分布在云南省西北部高原的兰坪白族普米族自治县和宁蒗彝族自治县。普米族在宁蒗县居住的特点是大杂居、小聚居，分散居住在10个乡（镇）37个村委会（社区）280个村民小组，共4206户13803人，其中建档立卡贫困户1063户4218人。

初到宁蒗，我和扶贫办的同事们深入到普米族聚居区进行调查研究。我们来到新营盘乡的牛窝子村，据说这里是全国最大的普米族聚居村组，有230户800人，普米族人口占到总人口的100%。这里与外界交通仅依靠土路相连，道路泥泞、路面坑洼不平，晴通雨阻，通达条件极差。在居住条件方面，许多普米

族群众还生活在不具备抗震安居功能的破旧木楞房中，有的甚至人畜混居，呈现出杂乱破旧的景象，全村整体风貌凌乱不堪。由于历史的原因，不少普米族群众文化素质偏低，人才数量少，特别是科技人才和专业技术人才（教师、医生）严重缺乏，远远不能满足健康扶贫、教育脱贫的急迫需求。

经过认真调研，我了解到宁蒗县普米族像牛窝子村这样的情况十分普遍。这里的普米族群众整体上社会发育程度低，贫困程度深，致贫因素多元叠加，脱贫难度大、返贫风险大、巩固成果难，成为脱贫攻坚战中最难啃的"硬骨头"。

查永久至贫困户家中调研（供图：陈鑫）

再难啃的"硬骨头"也要啃下

习近平总书记强调，扶贫开发是全党全社会的共同责任，决战脱贫攻坚、决胜全面小康，决不能让一个兄弟民族掉队。为深入贯彻落实习近平总书记的这一指示精神，2016 年，三峡集团在中央企业中率先参与云南省脱贫攻坚，率先对云南人口较少民族聚居区贫困人口实施精准帮扶。2016 年，三峡集团帮扶普米族聚居区精准脱贫攻坚项目正式启动，累计投入帮扶资金 6.7 亿元用于帮扶普米族整族脱贫。

三峡集团计划在 2016—2019 年 4 年时间里，共投入 20 亿元帮扶资金，围绕能力素质提升、劳务输出、安居工程建设、特色产业培育、生态环境保护等 6 大工程对云南普米族、怒族、景颇族 3 个人口较少民族给予持续帮扶。

为了落实好三峡集团对人口较少民族普米族的帮扶政策，这两年来，我走村入寨，踏遍宁蒗县普米族的山山水水，访民情、问冷暖、动真情、扶真贫、真扶贫，与当地干部群众打成一片，为普米族贫困群众早日脱贫出谋划策，身体力行，竭尽绵薄之力。

查永久至贫困户家中调研（供图：陈鑫）

查永久在乡间与贫困户交流（供图：陈鑫）

　　为了更好地通过典型带动、推进全县人口较少民族普米族帮扶项目的实施，我和县里的同事们夜以继日研究讨论，决定打造新营盘乡牛窝子村示范点，再以点带面推进普米族整族帮扶项目实施。从改善基础设施开始，在三峡集团的支持下，投入帮扶资金627万元，硬化村组道路10.5千米，修建公路桥梁2座，实现了入户道路硬化全覆盖，晴通雨阻的道路由此变得整洁、宽敞，极大地改善了公路通达条件。饮水方面，通过三峡集团116万元帮扶资金的支持，建设了总长25.8千米的引水管道和配套蓄水池，将纯净安全水引到每家每户。牛窝子村群众依靠地下水维持生计的日子一去不复返。安居房建设方面，通过三峡集团帮扶安居房建设，按照人畜分离、厨卫入户的标准，对建档立卡贫困户C、D类危房进行拆除重建、新建或修缮加固，并安装喷绘了具有民族特色的标识物，使普米族贫困户告别了土掌房、简易房，实现了祖祖辈辈安居乐业的梦想。全村所有民居都焕然一新，整体村貌也变得清爽整洁，建档立卡贫困户全都住进了安全、舒适的砖瓦房，告别了危旧房。

牛窝子村民小组组长郭志林颇有感触地说：牛窝子是全国普米族最大的聚居村，全村 33 户建档立卡户中 28 户已经如期脱贫，另外 5 户在三峡集团资金帮扶下即将脱贫。全村产业发展种植了苹果 500 亩，每户建档立卡户种植木梨 200 株。过去我们这个村连条像样的水泥路都没有，雨季出行都是穿雨靴。2016 年，在党中央关怀下，通过三峡集团的帮扶，道路已经建设好，自来水也引到了家家户户。基础设施完善以后，村民的积极性也提高了，以前在外务工的村民陆续返回家乡搞产业发展。1990 年，我们村人均收入还不到 1600 元，到 2019 年人均收入已经增长到 4300 元。现在我们村 248 户农户基本上已经达到"两不愁三保障"，感谢共产党、感谢三峡集团对我们的倾情帮扶，我们村发生了翻天覆地的变化，老百姓自身发展的动力也足了。

既要"输血"也要"造血"

通过对牛窝子村解剖麻雀式帮扶经验的总结，普米族整族帮扶项目在全县得以全面实施。除了改善基础设施、人居环境等，我积极探索在不同地区有针对性地实施帮扶，力求做到项目实施精准，项目成效明显。在实施常规扶贫项目的同时，我积极探索解决制约贫困持续发展的深层次问题。按照"一乡一品""一村一业"的产业发展目标，通过三峡集团帮扶普米族贫困户发展特色优势产业项

帮扶前，普米族吃水靠人背马驮（供图：陈鑫）

目，拓宽了群众增收致富的渠道，激发了贫困群众内生动力，构建了稳定脱贫的收益结构，增强了脱贫致富的自身动力。帮扶项目受益的贫困户每户至少掌握了1项实用技术，培育了1项以上长期稳定的增收项目。苹果、木梨、拉伯高脚鸡、丽川花椒、黄果、核桃等一批优质农特产品初具规模。产业发展规模不断扩大，效应逐步显现，进一步增强了贫困群众脱贫致富的信心，贫困户自我发展能力明显提高。通过产业资金扶持，普米族贫困人口的年人均纯收入达到6815元，较2014年增长84%，实现了精准脱贫的目标。

龙塘组位于宁蒗县翠玉乡春东村委会的高山地区，该地区海拔高，自然条件恶劣。以前，村民们仅靠传统技术和传统方式从事着以种植土豆和玉米为主的种植业。普米族贫困户曹银辉一家有土地7.5亩，种植着玉米和土豆，但产量低，平均亩产仅200～250千克，另外有黄牛3头、猪7头、10余只鸡，牛马主要用于自家耕种和驮运，产生不了经济收益，猪和鸡只能满足家庭需求，在这样自给自足的低水平循环中，曹银辉一家一直在温饱线上挣扎。2014年，曹银辉家被评定为建档立卡贫困户，从此生活发生了天翻地覆的变化。首先，在政策支持和三峡集团资金帮扶下，全家5口人挤住的70平方米木楞房现在变成了偏房，在场地的另一边建起了120平方米的抗震安居小砖房。其次，村里修通了公路，极大地方便了村民出行，生产生活条件得到极大改善。再一次，全家重点发展养殖业，以种植业作为补充。曹银辉家圈起8分的土地，进行土鸡放养，

开展暖冬行动向宁蒗贫困学生传递爱心衣物（供图：陈鑫）

并播种易成活的鸡食草，满足了养殖需求，并且在乡政府和帮扶干部的帮助下找到了产品销路，保证了收益。最后，曹银辉还参加了政府部门组织的技术培训和种植养殖培训，全家的人均收入已从原来的 1000 元提高到了现今的 7800 元，成功实现了脱贫致富奔小康的梦想。

　　为了一劳永逸地解决致贫根源，在扶贫工作中，我将扶贫和扶志扶智相结合，努力斩断贫困的代际传递。中华人民共和国成立前，宁蒗县普米族几乎整族文盲。在党和政府的关心关怀下，通过中华人民共和国成立以来几十年的教育普及，普米族群众的文化素质得到不断提高，但贫困学生的教育现状仍然存在薄弱环节，教育扶贫是普米族整族精准脱贫的一项重要工程。通过实施普米双语教学，使 4 个班级 200 名边远贫困地区的普米族学生受到优质教育。双语教学既注重基础课程，同时又注重双语学习，极大提高了普米族学生的汉语、普米语水平和学习成绩，学生综合素质进一步提升，从根本上斩断了贫困代际传递，双语教学深受普米族群众欢迎。同时，我们通过开展暖冬物资活动，将爱心物资 3500 套捐赠给普米族贫困学生，用实际行动帮助普米族贫困学生完成学业。

133

牛窝子村丰收的苹果（供图：陈鑫）

脱贫攻坚是我人生大幸之事

　　通过三峡集团 4 年来的精准帮扶，89 个普米族聚居村村民小组道路、饮水、学校、文化活动场所等一批基础设施、公共设施得到了空前改善。累计新建、改造提升村组道路 268.58 千米，使 73 个普米族聚居村 11070 人告别了行路难。建设农村安全饮水工程 44 项，铺设饮水管道 408.5 千米，新建蓄水池 306 个，使 29 个普米族聚居村 6239 人告别了吃水靠人背马驮的历史，家家户户喝上了干净的自来水。同时还新建了一批村民活动场所和村组垃圾处理设施，有力改善了乡村人居环境，丰富了普米族群众的文化生活，提升了人民群众的幸福指数。投资配套建设小凉山学校，开办普米双语班，捐资改造乡村小学。通过精准帮扶项目的实施，使全市 13 个乡（镇）、36 个普米族聚居村、89 个村民小组实现了"有通村达户硬化道路、有村组活动室、有垃圾处理池、有整洁卫生公厕、有安全饮用水"的目标。普米族群众亲切地称誉三峡投资建设的惠民项目为"三峡路""三峡水""三峡房"。三峡情流淌在普米族群众心间。

丰收的笑颜（供图：陈鑫）

　　脱贫攻坚战是全面建成小康社会的三大攻坚战之一，是中国实现由富到强的历史性跨越，是建成社会主义现代化强国的基础性战略性工程。到2020年如期打赢脱贫攻坚战，在中华民族历史上首次整体消除绝对贫困，是共产党人面向世界的铮铮誓言和郑重承诺。一代人有一代人的长征，一代人有一代人的担当。两年多来，我把宁蒗视作第二故乡，把宁蒗的贫困群众视作亲人，把他们的事情当作自己的事情，尽心竭力落实好三峡集团帮助普米族整族脱贫各项政策措施，把自己微弱的光线融入三峡集团帮扶的明媚阳光中，照亮了普米族群众奔向梦想的道路，给了他们生活的希望和力量，用实际行动践行了党的初心和使命，写下了人生历程中最绚丽的一笔。

帮扶后的普米族村庄（供图：陈鑫）

参考文献

[1]《普米族简史》修订编写组 . 普米族简史 [M]. 北京：民族出版社，2009.

[2] 王震亚 . 普米族民间故事 [M]. 昆明：云南人民出版社，1990.

[3] 殷海涛 . 普米族谚语 [M]. 北京：中国民间文艺出版社，1989.

[4] 严汝娴，陈久金 . 普米族 [M]. 北京：民族出版社，1986.

[5] 李学更 . 普米族民族艺术研究 [M]. 昆明：云南大学出版社，2014.

[6] 兰坪县民族事务委员会，兰坪县政协民族研究室 . 普米族志 [M]. 昆明：云南
    民族出版社，2000.

[7] 李学更 . 基于民族文化学的普米族"藏巴郎"崇拜的阐释 [J]. 鸡西大学学报，
    2011，11(06).

[8] 李学更 . 亲和的意义：从社会艺术学角度看普米族的民族美学思想 [J]. 作家，
    2011(18).

[9] 李学更 . 论普米族民族美学思想"亲合观"的建构模式 [J]. 文学界（理论版），
    2010(09).

[10] 殷海涛 . 高山情歌（普米族）[J]. 山茶，1987(06).

[11] 严汝娴 . 普米族的姓名结构及其来源探讨 [J]. 民族语文，1993(01).

[12] 张磊 . 普米族与汗归文 [J]. 中央民族学院学报，1993(02).

[13] 尹善龙 . 您知道普米族的习俗吗？ [J]. 中国民族，1984(02).

[14] 摩根 . 普米族 [J]. 素质教育博览，2008(05).

[15] 陈卫东 . 论普米族语言功能的发展及其文化教育对策 [J]. 中央民族大学学
    报，1996(03).

[16] 宋建峰 . 高原雪山绽放的山花新蕊：浅析普米族诗人、作家殷海涛及其作品 [J]. 昆明大学学报，2002(02).

[17] 曹新富 . 一部文学的历史　一部历史的文学：评《普米族文学简史》[J]. 民族工作，1998(03).

[18] 宋建峰 . 普米族与傈僳族文学的自然视阈与叙事范型初探 [J]. 昆明大学学报，2008(03).

[19] 黄成龙 . 普米语研究综述 [J]. 阿坝师范高等专科学校学报，2013(01).

后　记

在这本关于普米族的著作中，我们深入展现了普米族同胞在实现经济独立和社会发展方面所取得的巨大成就。他们面对的困难和挑战是艰巨的，但他们坚韧不拔、勇敢无畏的精神使他们成功跨越了贫困的边界，走上了富裕和充满希望的道路。

在这个过程中，普米族人民表现出了无比的创造力、智慧和团结合作的精神。他们充分利用民族文化资源，发展农业、畜牧业和手工艺业，通过创业和合作社的方式，不仅提高了自己的生活水平，还带来了经济增长和就业机会。同时，他们也注重教育的重要性，为下一代普米族人提供了更好的学习条件和未来发展的机会。

普米族脱贫攻坚的成功离不开政府的坚定支持和各方的合作努力。政府在制定政策和提供资金支持方面发挥了重要作用，同时，还加大了基础设施建设和公共服务的投入，为普米族人民提供了更好的生活条件。此外，挂联单位、志愿者和社会各界也积极参与脱贫工作，提供技术培训、社会扶持和创业指导，帮助普米族人民赢得了更多的机会和希望。

然而，脱贫攻坚只是一个起点，我们应该持续关注普米族人民的发展需求和面临的问题。我们需要持续推动可持续发展，加强教育和技能培训，提供更多的就业机会，改善基础设施和公共服务，促进普米族地区的全面发展。同时，我们也要尊重和保护普米族的文化遗产和传统知识，促进文化多样性的繁荣。

愿这本书能够成为记录普米族发展历程的重要文献，激励更多的人关注和关心普米族的发展，为构建一个更加公平、包容和繁荣的社会贡献自己的力量。让我们共同努力，为普米族人民的美好未来而奋斗！

最后，感谢云南省社会科学院杨泠泠研究员提供的机会，能让我们参与到这套丛书的编写中。

编者